书山有路勤为径,优质资源伴你行
注册世纪波学院会员,享精品图书增值服务

项目管理核心资源库·敏捷项目管理

敏捷回顾
让优秀的团队变得卓越
（修订版）

Agile Retrospectives
Making Good Teams Great

[美] 埃斯特·德比（Esther Derby） 著
黛安娜·拉森（Diana Larsen）
周 全 冯左鸣 拓志祥 李丽森 译
李建昊 审

电子工业出版社
Publishing House of Electronics Industry
北京·BEIJING

Esther Derby and Diana Larsen: Agile Retrospectives: Making Good Teams Great.
Copyright © 2006 The Pragmatic Programmers, LLC.
All rights reserved. No part of this publication may be reproduced, stores in a retrieval system, or transmitted in any form or by any means, electronic, mechanical, photocopying recording, or otherwise, without the prior permission of the publisher.

本书中文简体字版经由 The Pragmatic Programmers, LLC 授权电子工业出版社独家出版发行。未经书面许可，不得以任何方式抄袭、复制或节录本书中的任何内容。

版权贸易合同登记号　图字：01-2011-5415

图书在版编目（CIP）数据

敏捷回顾：让优秀的团队变得卓越：修订版 /（美）埃斯特·德比（Esther Derby），（美）黛安娜·拉森（Diana Larsen）著；周全等译. —北京：电子工业出版社，2024.3
（项目管理核心资源库. 敏捷项目管理）
书名原文：Agile Retrospectives: Making Good Teams Great
ISBN 978-7-121-47132-2

Ⅰ．①敏⋯　Ⅱ．①埃⋯　②黛⋯　③周⋯　Ⅲ．①企业管理—组织管理学—案例　Ⅳ．①F272.9

中国国家版本馆 CIP 数据核字（2024）第 048724 号

责任编辑：卢小雷
印　　刷：涿州市般润文化传播有限公司
装　　订：涿州市般润文化传播有限公司
出版发行：电子工业出版社
　　　　　北京市海淀区万寿路 173 信箱　邮编 100036
开　　本：720×1000　1/16　印张：12.25　字数：131 千字
版　　次：2012 年 9 月第 1 版
　　　　　2024 年 3 月第 2 版
印　　次：2024 年 12 月第 4 次印刷
定　　价：68.00 元

凡所购买电子工业出版社图书有缺损问题，请向购买书店调换。若书店售缺，请与本社发行部联系，联系及邮购电话：(010) 88254888，88258888。
质量投诉请发邮件至 zlts@phei.com.cn，盗版侵权举报请发邮件至 dbqq@phei.com.cn。
本书咨询联系方式：(010) 88254199，sjb@phei.com.cn。

序

每当我过生日的时候，我都喜欢回头反思一下我的生活：这些年我是怎样度过的？30年前、10年前、1年前，我当时想自己将来会在哪里？我现在在哪里？我如何才能把事情做得更好？哪些事情让我后悔应该早一点完成？我现在的表现是否如我所愿？我对别人的影响是否如我期望的那样？如果不是，未来几年应该如何改进？我是否明智地运用了我的聪明才智？

这就是我的回顾，回头看自己的过去，评估并反思每一件事，尽量把来年的事情安排妥当。但是，世事难料，我也不例外。我无法预知事态的进展，因为人的思维会随着环境的变化而不断变化，这就使得未来充满了不确定性。有谁能预知自己的孩子将来会是什么样的？当然，把目标定得更明确一些，生日过得更频繁一些，也许回顾就会更有效一些。我敢打赌，如果在我过生日的时候，有埃斯特和黛安娜在场，好多事情就会得到更好的解决。他们俩在书中描述的出色的引导师可以为我提供新的灵感并帮我集中思考接下来的工作步骤。

Agile Retrospectives:
Making Good Teams Great

我从事迭代开发、增量开发（也称敏捷开发）工作有 11 年了，我的选择是 Scrum，在 Scrum 里面，为项目确立非常明确的目标，然后在每次迭代开发周期里都进行重置。因为迭代开发周期是 30 天，这就使得项目不会产生太大的偏离。由于 Scrum 应用的领域是软件构建而不是通常的生活，因此很容易就能看出它是在正确的方向上有所进展，还是有所偏差而需要调整。因为 Scrum 是一项团队活动，所以团队反思就变得至关重要，需要每个人都参与进来，这样会收到意想不到的结果。

爱德华·犹敦（Edward Yourdon）把项目中经历的漫长而可怕的过程描述成"死亡之旅"。这些项目的一个共同问题就是没有过"生日"，没有定期地进行反思和调整。而敏捷项目中的软件是通过迭代开发和交付的，这种自然节奏提供了类似"生日"这样的休息点，使开发团队有机会改进正在做的工作，并改善他们对自己工作的感受。这是多么好的机会呀！好好读一读埃斯特和黛安娜的这本书，看看如何进行这样的"生日"反思。

肯·施瓦伯（Ken Schwaber）
Scrum 的创始人和推广者

前 言

当提到回顾（Retrospective）这个词的时候，我们的脑海里就会出现一幅画面：每当一项增量开发工作告一段落时，整个团队就会聚在一起召开一个特别的会议，检视并调整工作方法和团队合作。回顾会议能够加强整个团队的学习，就像一剂促进变革的催化剂，让大家行动起来。

回顾会议的意义不只是一份项目审计检查单，或者例行公事的项目收尾。与传统意义上的事后评估或项目评审不同，回顾会议注重的不仅仅是开发流程，更重要的是团队中存在的问题，团队问题的挑战难度不亚于技术问题。

我们主持回顾会议和指导别人主持回顾会议已有20年，事实上，2003年在奥地利巴登举办的一年一度回顾会议引导师大会上，我们就被冠以"回顾会议女神"的称号。当然，我们不是要你每天都去读一本由两位"女神"写的书，我们也不敢以"女神"自居，但是我们确实知道许多能帮助团队通过回顾会议一起学习的方法和手段。

我们听到有些人抱怨"回顾会议纯属浪费时间"。但是，当深入

Agile Retrospectives:
Making Good Teams Great

了解他们的回顾会议的细节时，我们发现他们所描述的回顾会议与我们这里所说的回顾会议不是一回事。当他们按照我们在本书中描述的流程去做之后，我们看到了很好的效果。

我们的客户和同事告诉我们，他们确实从回顾会议中获益。下面就是我们看到和听到的一些案例，在每个案例中都提到，在回顾会议上，整个团队一起总结那些已得到改善的地方和下一步要开展的新的实践。

提高生产力：加利福尼亚州的一个团队通过改进单元测试从而减少了在版本发布后期的重复返工。他们增加了测试的次数和频率，这样就能尽早地发现错误，而不至于在最后发布的时候手忙脚乱。

提高能力：佛罗里达州的一个团队通过回顾会议想出了一个方法，解决了一个长期存在的问题。在他们团队中，只有一个人懂得如何将客户数据整合到公司的数据库中。他们通过设置结对工作机制，使另一个团队的成员也掌握了数据库知识，从而解决了这个瓶颈问题。

提高质量：明尼苏达州的一个团队通过回顾会议发现，在迭代开发期间缺乏与客户的沟通和错失需求之间存在明显的联系。他们在后续的迭代开发过程中通过提高客户参与度，减少了误解和返工。随着与客户合作的增加，团队做无用功的时间减少了，而把大量的时间用于减少产品缺陷和重构的工作上。

增强功能：纽约的一个团队通过研究如何对特性进行优先级排序，以及专注于提供较小的高价值特性集，从每年一次的版本发布提升为每季度一次。

回顾会议最起码可以为团队提供一个自我激励和自我愉悦的机会。

一个位于伦敦的团队在执行了迭代回顾会议一年之后，反馈说迭代回顾会议让他们的生活变得更加美好了。另一个团队在遇到一个特别棘手的问题时请来了一名外部顾问，这名顾问在观察了这个团队的回顾会议之后，指出这个团队具有非常好的探索和处理冲突的技能，甚至比一些专业人士都要强。

这个团队懂得如何进行令人不舒服但必要的对话，以解决他们的分歧，从而避免这些分歧最终变成冲突或怨恨。

我们无法预测你运用了回顾会议之后会获得什么结果，但许多迹象表明，回顾会议能够改善团队合作、改进工作方法、提升工作满意度，以及实现更好的工作结果。

目　录

引　言 1

第 1 章　帮助团队检视和调整 4
  1.1　设定基调 9
  1.2　收集数据 14
  1.3　激发灵感 17
  1.4　决定行动 19
  1.5　总结收尾 20

第 2 章　为团队量身定制回顾会议 22
  2.1　了解历史和环境 23
  2.2　制定回顾会议目标 24
  2.3　确定会议时间长度 25
  2.4　创建回顾会议的架构 28
  2.5　选择活动 32

第 3 章　主持回顾会议 39
  3.1　管理活动 40
  3.2　管理团队动态 43
  3.3　管理时间 50

目录

  3.4 管理你自己 51
  3.5 让你的技能再上一个台阶 53

第 4 章 设定基调的活动 **55**
  4.1 签到 55
  4.2 聚焦/散焦 58
  4.3 ESVP 60
  4.4 工作协议 63

第 5 章 收集数据的活动 **67**
  5.1 时间线 67
  5.2 三个"5"游戏 72
  5.3 用彩色圆点贴做标记 75
  5.4 愤怒—悲伤—高兴 78
  5.5 定位优势 81
  5.6 满意度直方图 84
  5.7 团队雷达图 88
  5.8 挑选同义词 92

第 6 章 激发灵感的活动 **95**
  6.1 头脑风暴/筛选 95
  6.2 力场分析 98
  6.3 五个为什么 102
  6.4 鱼骨图 104
  6.5 模式和转换 108
  6.6 用圆点贴进行优先级排序 110
  6.7 综合报告 114
  6.8 确定主题 116
  6.9 学习矩阵 119

IX

第 7 章　决定行动的活动 123
- 7.1　回顾规划游戏 123
- 7.2　SMART 目标 127
- 7.3　圆圈提问 130
- 7.4　简短主题 132

第 8 章　总结收尾的活动 135
- 8.1　+/Δ 135
- 8.2　感谢 138
- 8.3　温度读数 140
- 8.4　帮助、阻碍、设想 143
- 8.5　时间投入回报率 145

第 9 章　发布和项目回顾会议 149
- 9.1　为发布和项目回顾会议做准备 150
- 9.2　包含跨组织观点 157
- 9.3　主持发布和项目回顾会议 160
- 9.4　回顾会议 168

第 10 章　有效执行 169
- 10.1　提供支持 170
- 10.2　为变革分担责任 173
- 10.3　支持较大范围的变革 173

附录 A　引导工具清单 178

附录 B　活动小结 181

附录 C　会议活动参考一览表 183

附录 D　学习引导技能的参考资料 185

引　言

假如你是软件开发团队的一名成员，你们团队工作干得不错，但还谈不上出色。你发现团队成员之间存在一些摩擦，其中有一些人你希望他们留下来，但他们却开始准备跳槽。你意识到在情况变得一发不可收拾之前应该做点什么，以缓和这种紧张的气氛。你打算在团队中引入回顾会议。

也许你是一名团队领导者，你听说过回顾会议但从未尝试过。你听说回顾会议可以帮助团队更好地执行任务，但你不知道应该从哪里开始。

或许你在过去的几个月里已经组织过回顾会议了，但你的团队并没有提出任何新的想法。为了使团队能保持住已取得的成果，你需要找到一个让回顾会议重新焕发活力的方法。

无论你是出于什么原因来读本书，我们都假设你认可回顾会议会对你的团队有所帮助。不管你是教练、团队成员还是项目经理，也不管你是在每次迭代后还是每次发布后组织回顾会议，你都会从

Agile Retrospectives:
Making Good Teams Great

本书中找到适合你的方法和技巧。

本书重点介绍的是一种短周期的回顾会议——一周到一个月一次。不管你采用的是敏捷方法还是传统的增量或迭代开发方法，在每次增量开发结束时，你的团队都有机会识别出一些可以改变和提升的地方，从而有助于提高产品质量和生活质量。

回顾会议与敏捷工作环境完美契合——Scrum 和 Crystal 明确指出了用于改进方法和团队合作的"检视和调整"活动，以及检查和改进产品的机制。换句话说，持续构建、自动化单元测试和频繁演示工作代码，都是为了把重点放在产品上并允许团队随时做出调整。回顾会议则重点关注团队如何完成工作和互动。

回顾会议也与团队环境完美契合——适用于少于 10 人并需要成员协作开发的团队。

回顾会议能够帮助人们定期改进实践、处理问题和消除障碍。

迭代回顾会议主要解决那些影响团队的问题。在回顾会议上，团队挖掘出切实可行的解决方案，并且可以马上实施而不需要等待领导层的批准。但是，实际情况各不相同，不要生搬硬套，我们应该更关注如何获得成功。

10 年前，我们刚开始主持回顾会议的时候，大多数的回顾会议都着眼于一个完整的项目，这些项目大多运行了一年甚至更长的时间。但在过去的 10 年中，情况发生了变化。越来越多的团队开始缩短开发周期，更加频繁地发布软件新版本。他们不再等到整个项目

引 言

临近尾声时才进行检视和调整，而是在每次迭代结束时就开始寻找改进的方法。回顾会议直接由团队教练、团队领导者和团队成员一起组织召开。即使你的开发团队没有使用敏捷方法，你依然可以参考书中的建议，在项目结束前检视和调整流程及团队合作：每个月或在项目里程碑组织一次回顾会议。

你或许需要说服你的经理，回顾会议是能够为公司节省时间和开支的。越来越多的财务及实证数据表明，持续地组织回顾会议确实能够为公司节省开支。

书中不仅介绍了回顾会议的架构，还介绍了回顾会议的规划、设计和主持，提供了具体的活动和指导，并分享了真实回顾会议中的故事。

书中有一章专门介绍主持回顾会议。我们相信，只要有好的架构和正确的工具，大多数人都可以充满自信地胜任回顾会议主持人这个角色，以帮助团队获得预期的结果。

此外，我们也加入了一些案例，告诉大家如何为周期为三个月的发布或一年的项目调整基本的回顾会议架构。即使团队在项目结束后就解散了，每个人也将从回顾会议中学到很多东西，并且这种学习与经验会一直伴随着大家。

第 1 章

帮助团队检视和调整

回顾会议有助于团队——即使非常优秀的团队——不断进步。在本章中，我们以一个时长约 1 小时的迭代回顾会议为例，先带着大家观摩一下，作为回顾会议主持人要做些什么。然后，我们一起来分析这个案例，这样，你就可以将会议流程运用到你的回顾会议中。

我们先来看一下某个财务软件的开发团队，他们的回顾会议每两周进行一次。团队成员轮流担任会议主持人。这周轮到黛娜担任主持人。

所有的团队成员围坐成半圆形，他们前面有一块很大的白板，在白板上贴着几张海报。等大家都坐下后，黛娜开始发言："今天我们再次坐在这里，花一些时间来检查一下刚刚过去的这个迭代中的

第1章
帮助团队检视和调整

工作。我们用 1 小时的时间反思我们的团队合作和工作方法。现在是下午 4 点，会议 5 点结束。这次，我们会把重点放在开发流程上，因为我们已经注意到软件缺陷的数量有所增加。

"在查看有关具体数据之前，我们先做一个热身活动——'签到'：请每个人用一到两个词形容一下你此时此刻（会议即将开始的时候）的感受。"

团队的 6 名成员分别给出了简短的回答。

"困惑。"第一个人回答。

"好奇。"第二个人回答。

"软件中的缺陷让我太郁闷了。"第三个人回答。

"嘿，你用词超过两个了！"第一个人碰了第三个人的胳膊一下。

"那好，就用'郁闷'这个词吧。"第三个人纠正道。

其他 3 名成员也给出了他们的回答。

黛娜接着往下进行。

"对本次会议中我们使用的常规工作协议，谁还有什么补充或修改吗？"黛娜问道，同时用手指了一下贴在墙上的工作协议。等大家都表示完全同意工作协议后，黛娜简单介绍了会议的议程。

"首先我们看一下收集到的数据，然后采用头脑风暴法讨论，并汇总可能的原因。接下来寻找一些想法/点子，在下一次迭代中解决这些问题，最后从这些想法/点子中挑选一个并设计实验。大家觉得如何？"

确认大家都没有问题后，黛娜接着进行下一步。

"我们先来看一下软件缺陷的统计数据。"黛娜边说边指向一张大的图表，上面显示了团队开发的每个特性，以及针对每个特性测试出的缺陷数量。

"这里到底出现了什么问题？"她问道，"当看到这些特性和缺陷数据的时候，你会给出怎样的解读？"

她拿出一些五颜六色的即时贴："让我们回顾一下这次迭代过程中发生的事情，在即时贴上写出你记得的事件，写好之后贴到白板上。然后在那些遭遇挫折的地方贴上一个橘黄色的即时贴。"

"嗯，"一名团队成员贴完最后一张橘黄色的即时贴时，若有所思地说，"我很奇怪这些令人困扰的地方与软件缺陷之间并没有对应起来。我想知道这能说明什么？"

"让我们来试着回答这个问题。请用 5 分钟的时间写下你所知道的一切，然后看看我们可以辨别出什么模式。"黛娜递给大家一些稍大一点的即时贴和记号笔。

其中一名成员不假思索地飞速写着，另一名成员盯着图表看了一会儿才开始草草地写了几条，还有两名成员小声地讨论并交换了意见后才开始落笔。

5 分钟后，团队成员走到白板前，将各自的即时贴贴在白板上。

"这些缺陷中的哪些可能是由相似的原因导致的呢？"黛娜问道。大家开始移动这些即时贴，把两三个放在一起，然后当他们讨论了每个即时贴上面所写内容的含义之后，又把它们分开了。

第 1 章
帮助团队检视和调整

10 分钟后，即时贴被分为 4 组，大家给这 4 组分别标注了名称：不一致的匹配，急于进行测试驱动开发，软件设计缺陷和遗留代码。

"大家发现了什么？"黛娜问道。大家开始就这些原因进行讨论。

"哪个是导致大多数软件缺陷的原因？"黛娜问。

大家一致同意是遗留代码。"我们再用 1 分钟的时间进行头脑风暴，看看哪些方法能在下一次迭代中降低软件缺陷率。"

大家很快给出了 5 个不同的改进方法。

"圆点贴投票，"黛娜说，"每人两个圆点贴，自己决定选择哪个改进方法。"

2 分钟后，大家选出了得票最多的一个方法。

"现在，我们来制定一下具体实施细节。"黛娜说道。

大家又讨论了 15 分钟，制定了实施具体细节的行动步骤。

- 和支持小组的莎莉进行不定期的会晤（有问题就去请教她，因为莎莉使用这些代码好多年了）。
- 针对遗留代码编写单元测试程序。
- 邀请莎莉每周用一两个早晨的时间来我们团队指导一下。

黛娜看了一下手表，还有 5 分钟，说道："大家如何看待结对工作？我们都同意每天用 4 小时和莎莉进行结对工作吗？"

"同意，黛娜，"一名成员回应道，"我们需要在这方面做得更好一些。我会做一个仪表盘，这样我们就可以提醒自己了。"

"好，时间快到了。我们怎么才能知道遗留代码问题得到了解决？"黛娜问道。

Agile Retrospectives:
Making Good Teams Great

"如果我们看到软件缺陷数量减少,就表明这个问题已经得到解决了。"一名成员说。其他人表示同意:"是的,这是一个关键指标。"

"那我们就在下次的回顾会议上看一看这个指标,"黛娜说道,"下次轮到谁主持了?"一名成员举起了手。"你会带来新的数据,对吗?"

"谢谢大家的积极参与,"黛娜说,"明天早上9点的规划会议上,我们按照这些行动步骤进行。"

现在让我们来总结一下黛娜在回顾会议上都做了什么事情。

首先,黛娜让团队成员明白这次回顾会议的目的、关注点和所需要的时间。

她告诉大家具体的时间安排,让每名成员做了一个"签到"发言,并确认大家都认可已经达成的工作协议。

黛娜向大家展示了团队的软件缺陷数据报告,询问在迭代过程中所发生的事情,以及遭遇挫折的地方。她这样做使得团队中的每名成员看到的都是同样的数据,而不是每名成员自己知道的那些数据。黛娜引导团队挖掘事实——软件缺陷数量的数据——接着谈各自的感受——遭遇挫折的地方。

黛娜带领团队深入解读数据背后的含义并辨别各种模式。

黛娜引导团队找出了解决问题的途径,再从中投票选出一个,并根据回顾会议的关注点,制定要实现的目标。黛娜在会议结束前做了简明扼要的总结。她和团队成员确认了如何对改进进行评估,并感谢大家的积极参与。

第 1 章
帮助团队检视和调整

黛娜在此次会议上遵循如下特定的结构化流程：
- 设定基调。
- 收集数据。
- 激发灵感。
- 决定行动。
- 总结收尾。

每年在回顾会议引导师大会上，我们都会看到一些主持回顾会议的新方法和新老结合的方法。但是，我们还是希望回到本书介绍的这种结构化流程，因为对我们而言它的确行之有效，相信对你也一定有效。这种结构化流程既可以应用于 1 小时的会议，也可以应用于 3 天的会议。你可以进行变通，加入新的活动，但一定要遵循这种最基本的架构——这套流程涵盖了回顾会议必须做的事项。

在本章中，我们将详细介绍回顾会议的结构化流程。

1.1 设定基调

设定基调能够帮助团队成员聚焦手头的工作，这一阶段向团队重申大家聚在一起召开此次回顾会议的目标，这样能营造一种便于讨论问题的和谐氛围。迭代生命周期中回顾会议的步骤如图 1-1 所示。

通过简短的欢迎词感谢大家花时间参与会议，重申回顾会议的目的和目标，并提醒大家会议需要的时间。

Agile Retrospectives:
Making Good Teams Great

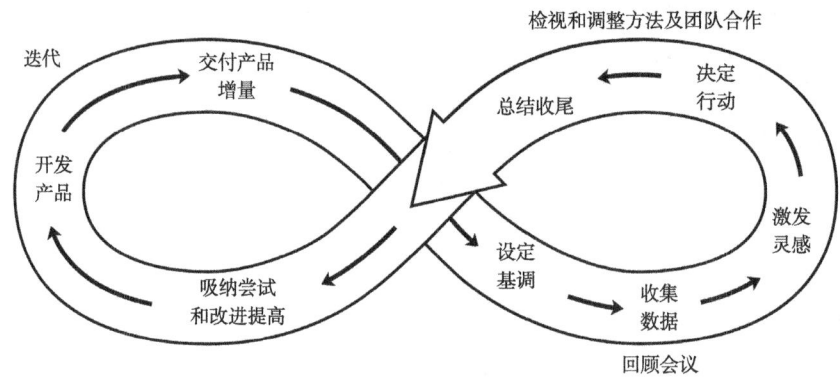

图 1-1　迭代生命周期中回顾会议的步骤

然后邀请每名与会人员发言。如果某个人在会议开始的时候没有发言，这意味着他被默许在整个会议中保持沉默。由于回顾会议的目的是帮助大家群策群力，共同学习，所以每个人的参与是必要的。发言时不需要长篇大论，简短就好。（试想一下，一个 10 人团队，每个人发言 3 分钟就要 30 分钟。即便是一个 5 人团队，花的时间也是很可观的。）只用一两个词描述一下对此次回顾会议的期望就可以了。

下一步，介绍会议的议程。时间是宝贵的，人们想知道他们的时间花得是否值得。了解会议议程有助于大家树立信心——这不是一个漫无目的的会议。

在确定了时间框架、目标和议程之后，你需要努力创建一种环境，让大家能够提出困难的话题并进行富有挑战性的对话。团队价值观和工作协议是社会契约的两种类型，它们约定了大家可以接受的行为和互动方式。我们这里不是在高谈抽象的、高高在上的声明，诸如"我们认为人生而平等"（即使你曾经这样说过）这类的话，我们这里谈的是工作协议，能够真正帮助大家谈论棘手的问题，提出带有强烈感情色彩的话题，或者告知大家那些不受欢迎的消息。

如果你的团队已经有一套价值观，那就继续使用。提醒他们这套价值观也适用于回顾会议，当然，或许团队需要做一些小的适应性调整。

一个极限编程（XP）团队把他们的价值观定义为质量、简洁、团队合作和勇气。一名团队成员询问如何将"简洁"这个价值观运用到回顾会议中。他们的教练回应，简洁意味着找出最简单且可行的行动去改进工作。其他人也提供了意见，说明了质量、团队合作和勇气等价值观在回顾会议中会怎样体现。

同样，如果你的团队已经有了工作协议，那就贴在墙上，审视一下，做些必要的调整以适应回顾会议的要求。

一个游戏软件开发团队的第一条工作协议是"每对编程搭档的工作是确保为下一对搭档准备好代码"。在回顾会议上，该团队重新诠释了这条工作协议："每个子团队的任务是准备好各自的成果供整个回顾会议使用。"

如果你的团队还没有工作协议，现在就制定——在进行下一步之前。虽然不可能预料到所有可能发生的情况，但大多数团队都可以用 5 条工作协议来应对大多数的情况。如果你的团队的工作协议用 10 个手指都数不过来，那就太多了。

Agile Retrospectives:
Making Good Teams Great

下面是一个例子，说明为什么你在回顾会议开始前就需要制定工作协议：正当大家谈论一个敏感话题的时候，芙兰的手机响了，这一刻，如果你说"别接电话"，会让芙兰感到很为难。当人们在违反规定之后才知道有这样的规定时，他们会有不知所措的感觉。如果你的团队有这样一条工作协议——"会议期间不能使用手机"，问题就会容易处理得多，不良影响也小，而且这样给与会人员的感觉更公正。

你还得到了另一个好处：工作协议使得文明行为和协作成为每个人的责任，而不仅仅是回顾会议主持人的责任。

人人都发言

在一次回顾会议结束时，布伦达大声说："我今天说了这么多话，真令人吃惊。"其他人点头同意："是啊，布伦达平时不怎么说话，这次能讲这么多话真令人高兴，她有很多话要说。""你们是怎么说服我打开话匣子的呢？"布伦达问。答案很简单：回顾会议主持人请她在会议开始的5分钟里面说出自己的名字。这个方法再简单不过了，但它确实很管用。

当第一次在回顾会议中制定工作协议时，你的团队可能要用10~15分钟，但当工作协议制定好后，在将来的回顾会议和日常工作中是可以重复使用的。

第 1 章
帮助团队检视和调整

 **小贴士　工作协议是属于团队的**

在回顾会议中，请你的团队监督执行工作协议，这样，当他们对自己的行为负起责任时，你就可以专心做你的主持工作了。

当团队制定或调整工作协议时，注意观察一下，因为工作协议通常反映人们所担心的事情。

这里有一个小故事：技术负责人克里斯是从团队外部请来的，在他和一个开发化学分析软件的团队一起制定工作协议时，大家定了一条工作协议——"人人皆要参与"。

当回顾会议的第一项活动开始时，克里斯意识到原来大家担心的是团队里的"明星"成员戴夫。在第一个小组讨论的时候，戴夫一直在发表他的观点，每当团队的其他成员想插嘴进来讨论时，戴夫都挥手制止，自己却说个没完。克里斯支持团队的工作协议，他把戴夫的意见记录下来，然后告诉他："谢谢你，戴夫，现在我们来听听其他人的见解。"此后，团队成员更加自信。戴夫还是有好多话要说，但他不能垄断发言权了。

在回顾会议开始时，可能只需要短短 5 分钟来重申一下工作协议，但没有经验的回顾会议主持人喜欢跳过"设定基调"环节，直接进入回顾会议的主题。我们从来没有为花时间做准备而感到后悔，你也不会。为了"节省"时间而跳过这一环节，到后来会"浪费"

Agile Retrospectives:
Making Good Teams Great

更多的时间。如果没有早一点为大家提供发言的机会，他们可能根本就不会为会议做贡献，也不一定会接受团队的见解和决定。大家不了解会议议程，也就不知道关注点应该放在哪里，甚至使整个组织误入歧途。团队价值观和工作协议有助于促成富有成效的交谈与互动。

所以，不要跳过"设定基调"环节，也不要匆匆一带而过。

1.2 收集数据

为持续仅仅一两周的迭代收集数据，看起来好像很愚蠢。但是，如果有人在为期一周的迭代中缺席了一天，那他就错过了 20%的事情和互动。即使大家都没缺席，他们也不可能了解所有的事情，而且，不同的人对于同样的事情会有不同的看法。利用收集的数据可以绘成一幅共享图，记录所有发生的事情。如果没有这样一幅图，人们更倾向于证明自己的观点。

从硬数据开始：事件、度量指标、产品特性或完成的故事等。事件包括会议、决策点、团队人员变动、里程碑、庆祝活动、新技术的采用，总之，任何对团队中某人有意义的事情。度量指标包括燃尽图、速度、软件缺陷的数量、完成故事的数量、代码重构的数量、工作量等。鼓励大家参考团队日历和其他工件——文档、电子邮件、图表等——把这些东西添加到共享图上。

第 1 章
帮助团队检视和调整

对于 1 小时左右的回顾会议，你可以请大家口头报告数据和事件，或者用团队的任务板和可视图表。当你的团队要回溯一两周之前的事件时，可以用时间线或数据图创建一个可视化记录。对数据和事件的可视化描述使大家更容易看出模式并建立联系。

硬数据只是数据的一部分，软数据（感受方面的数据）至少占了一半。感受告诉人们有关事实和团队的重要内容。

这里有一个小故事，说的是在一次回顾软数据时发生的事，它使一个团队懂得了把担忧憋在心里的后果：帕特的团队创建了时间线，用卡片表示在 30 天的迭代中发生的事件。他们把绿色圆点贴在卡片上代表该事件处于高峰，把蓝色圆点贴在卡片上代表该事件处于低谷。当所有的彩色圆点都贴完之后，有一张卡片非常惹眼，如图 1-2 所示。这张卡片上有 9 个绿色圆点、1 个蓝色圆点。

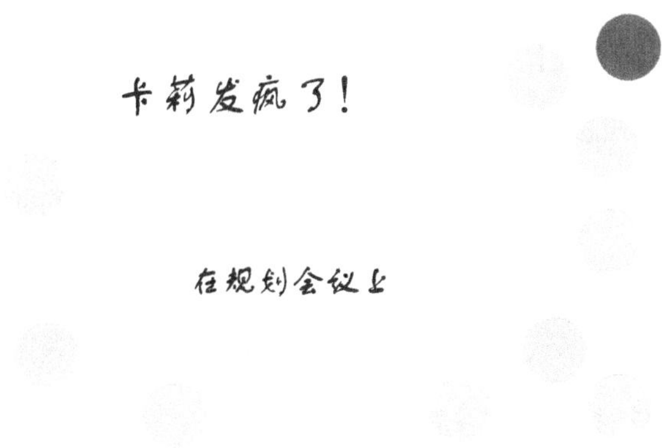

卡莉发疯了！

在规划会议上

卡莉的卡片上有 9 个绿色圆点，代表事件处于高峰；
有 1 个蓝色圆点，代表事件处于低谷

图 1-2　卡莉的卡片

卡莉承认那张卡片和上面的蓝点是她贴的。"我觉得我绑架了规划会议，我相信每个人都认为那不是件好事。""卡莉，我们知道你那时很生气，但你不说出来我们怎么能解决问题呢？"

几名团队成员坦陈，他们也有和卡莉一样的担忧，但由于没人提及此事，也就没有人能解决这个问题。现在，卡莉的"爆发"成了解决当前问题的契机。

如果不有意识地去收集软（感受）数据，这段对话就不会发生。

为人们创造一个谈论感受的结构化方法，使得提出那些情绪化、有争议的话题不那么令人难堪。当人们回避情绪化内容时，问题并没有消失，而是转入地下并耗尽团队的能量，损害工作积极性；或者情绪会以愤怒的形式爆发出来，愤怒的火焰对你的回顾会议毫无益处。

在进入下一阶段之前，与整个团队一起快速审查数据。请团队仔细看一下你收集上来的数据，并对模式（Pattern）、转换（Shift）和意外（Surprise）发表评论。通过数据收集，获得包括事实和感受的数据，在接下来的会议时间里，引导大家进行更好的思考和行动。没有共享图，人们只能使用自己手头有限的数据。当人们只看手头的数据时，团队不太可能对变革和实验做出承诺。没有软数据，团队就无法触及对大家而言最重要的话题。

> **F 开头的词汇（感受词汇）**
>
> 好吧，我们正和工程师一起开会，他们大概不想谈论自己的感受。所以，在回顾会议中，我们通常都不问他们的感受。
>
> 但是，我们有我们的方法。
>
> 不要直截了当地问人们的感受，试试用不同方式提问：
>
> - 你什么时候对工作感到兴奋？什么时候只是在应付差事？什么时候惧怕工作？
> - 什么是高峰？什么是低谷？
> - 在迭代期间，你的状态如何？
>
> 你什么时候_____？（填入一个代表情绪的词，如疯狂的、沮丧的、吃惊的……）
>
> 这些提问让人们谈论在迭代中自己的感受，但避免直接使用"感受"一词。

1.3 激发灵感

现在该是问"为什么"和开始考虑用不同方法做事的时候了。在激发灵感的时候，团队会研究收集的数据，以确定上一次迭代的优势和问题。

Agile Retrospectives:
Making Good Teams Great

带领团队对有助于成功的条件、互动及模式进行分析，对故障和缺陷进行调查，寻找风险和不希望发生的事情或结果。

一旦出现问题，人们很容易一下就跳到解决方案上，最初想到的解决方案可能是正确的，但大多数情况下通常是错误的。这个阶段的工作是考虑其他可能性，寻找因果关系，并进行分析思考。同时这也是整个团队共同思考的时刻。

这些灵感有助于团队了解如何才能更有效地工作，这是任何回顾会议的终极目标。

激发灵感允许团队后退一步，看清全局，深入挖掘问题的根源。

如果你跳过激发灵感这一环节，你的团队可能就不知道事件、行为和环境是如何影响他们开发软件的能力的。当你的团队酝酿一个改进时，在激发灵感上所花的时间能帮助确保产生积极的变化。

可重复使用的技能

在回顾会议中，团队用以激发灵感和分析问题的活动与技能也能够被运用到其他地方。

团队可以运用这些分析工具去探究技术难题，对用户故事或用户需求进行优先级排序，制定策略或推动创新。

举个例子，有个网络开发团队在回顾会议上学习了思维导

> 图技术，后来，当他们与用户发生摩擦时，思维导图帮助这个团队找到了解决问题的多种方法。

1.4 决定行动

会议进行到这一步，团队手上有一个潜在的实验和改进清单。现在要做的是挑出优先级最高的几项，然后计划怎么做（对于一次迭代来说，通常挑出一两项即可）。你的主要工作是为团队提供框架及指南，以规划实验和行动。

有时团队会列出一长串的候选改进方案，但太多的举措会把你压垮，使你丧失变革的能力。为下一次迭代挑选一两个实验。帮助你的团队选择那些他们可以承诺执行，并且能产生积极效果的行动方案。如果你的团队刚刚经历了一次有压力的变革，正处于恢复阶段，这次就帮他们选些不那么复杂的事情做。

在回顾会议期间采取行动，能够使团队产生动力。麦克的团队制定了一条新的工作协议——"每人每天要和另一个人结对工作至少4小时"，以解决结对编程不连贯的问题。简的团队重新设计了她们的实验室，并创建了新的签到流程。

规划实验和变革的一种方式是创建故事卡片或待办事项列表，这样可以更容易地将改进计划融入下一次迭代的工作计划中。理想的状况是，刚好在迭代规划会议之前召开回顾会议。在回顾会议和

Agile Retrospectives:
Making Good Teams Great

规划会议之间安排一次会间休息，哪怕是一顿午餐也好。

不管你是在回顾会议中完成计划工作，还是把行动计划融入迭代计划中，一定要让每个人都签字承诺完成这些任务。没有个人的承诺，大家会认为完成任务是团队的责任，而不是个人的责任。

> **避免没有行动的回顾会议**
>
> 有时候团队会把他们的问题归于外部的其他组织，进而希望外部团队做出改变，这往往以失败告终。等待其他人改变等于做无用功，最有效的方式是在团队内部开始改变。即使你的团队没有直接控制权，也可以采取行动去影响和改变他们自己的响应方式。
>
> 改变发生在平常的工作过程中。如果团队认为回顾会议是在浪费时间，他们往往把改进计划与日常的工作计划完全分开，这样的话，没人会花时间做"额外"的工作。

1.5 总结收尾

天下没有不散的筵席，回顾会议也不例外。该结束时就果断地结束会议，别让大家的热情和能量慢慢流失。确定如何将大家的经验和后续计划存档以便追踪。

第 1 章
帮助团队检视和调整

帮助你的团队决定怎样保存他们在回顾会议中学到的东西。用公告板或大幅图表追踪新的做法，用数码相机或电子白板的打印功能创建可视化记录。学习成果属于团队和团队的每名成员，不属于教练和回顾会议主持人，团队是学习成果的所有者。

感谢每个人在迭代和回顾会议中的辛勤工作，以此作为回顾会议的收尾。

在结束之前，花几分钟时间回顾总结一下这次会议，看看哪些进展顺利，哪些可以在下一次回顾会议中改进。检视和调整也适用于回顾会议。

使用这个会议架构——设定基调、收集数据、激发灵感、决定行动和总结收尾，有助于团队做到以下几点：

- 理解不同的观点。
- 遵循思考的自然顺序。
- 对团队目前的方法和实践有一个全面的看法。
- 允许在讨论中自由发挥，而不是预先设定结果。
- 带着具体的行动和实验方案结束回顾会议，以便下一次迭代。

这个会议架构为回顾会议主持人提供了一个经过检验证明有效的流程，帮助团队进行检视和调整。在第 2 章中，我们将一步步地介绍如何运用这个会议架构去创建一个适用于团队的回顾会议模式。

第 2 章

为团队量身定制回顾会议

当我们第一次主持回顾会议的时候,外部引导师(主持人)与项目发起人和项目经理一起研究确定了项目结束后的回顾会议的目标和方法。但是,如果你是一名教练或迭代开发团队负责人,你可能在每次迭代结束后组织你们的回顾会议,甚至由团队成员轮流做回顾会议的主持人。无论哪种情况,如果你正在策划和组织回顾会议,那么将有一系列的决定要你来做,如会议目标、后勤保障及会议的流程等。但是,你一定要先做调查研究,然后再做决定。

第 2 章
为团队量身定制回顾会议

2.1 了解历史和环境

如果你在组织自己团队的回顾会议，你大概已经了解了团队的历史和背景。即便如此，再多看一眼，检查一下你关于团队历史、士气和项目进展情况的判断是否准确。如果你是与其他团队合作，仔细研究一下他们的背景，观察一下他们的工作环境。看看草图、白板和其他工件。注意一下哪些可用，哪些缺失。与正式的和非正式的团队负责人交谈。你收集的这些信息将帮你和团队一起选择一个合适的目标。你的观察将为你提供线索，让你知道该问什么问题，以及团队可能面临什么问题。

当你跟团队成员交谈时，了解以下主题：

- 这次迭代的输出是什么？团队的目标是什么？结果是否像预期的那样？

- 以前项目评审是如何进行的？发生过什么事？后续的行动是什么？

- 当团队进行回顾会议的时候,公司其他部门发生的什么事情会对团队产生影响？比如，裁员传闻、公司最近的并购、取消的生产计划。

- 团队成员之间的关系怎样？相互的依赖关系如何？个人关系和工作关系怎样？

- 团队成员感受是怎样的？他们忧虑和担心的事情是什么？他们对什么事情感到兴奋？
- 对回顾会议发起人和团队来说，取得什么样的成果才值得花费这些时间？
- 团队和引导师（主持人）合作得怎么样？

通过探讨上述主题所收集的信息将帮助你制定一个可行的回顾会议目标，还能帮助你了解团队的动态，与你不熟悉的人建立联系。

2.2 制定回顾会议目标

一个有用的目标有助于回答这个问题：获得什么样的成果才值得花费这些时间？

一个有用的目标可以给团队一个合理的解释：为什么在没有预先设定采取什么行动的时候，要让大家花时间召开回顾会议。限制性的目标就像眼罩，所以，要选择一个宽泛的目标，让团队创造性地思考他们的经验并激发灵感。不像那些较一般的目标，在这里你要避免定义特定的可衡量的目标。像这样的目标——"确定如何说服人力资源部门取消绩效评估流程"，就限制了考虑通过其他渠道采取行动或识别团队面临的其他严重问题。

这里还有一个比较宽泛但仍然不太合适的目标——"确定测试出了什么问题"。这样的目标会把团队引向错误的方向或打开相互责备的大门。

有用的回顾会议的目标包括：

- 寻找改进实践的方法。
- 探索过去做得好的方面。
- 发掘没有完成任务的背后原因。
- 寻找改进响应客户需求的方法。
- 修复被损害的关系。

以上只是举些例子。考虑团队的背景，和团队一起探寻对团队有帮助的目标。

"持续改进流程"可能需要几次迭代，此后，这个目标就不适用了，要切换到另一个目标。在考虑了团队背景之后，你可以向团队提出一个目标，如果大家觉得不合适，请他们提出一个。

2.3 确定会议时间长度

你们的回顾会议要开多久？

这要看具体情况。

15 分钟可能够，也可能不够。下面 4 个因素可以作为考虑的基础：

- 迭代的周期。
- 复杂性（技术、与其他部门的关系、团队所处的组织）。

- 团队的规模。
- 冲突的严重程度或争论的激烈程度。

一个历时 1 小时的回顾会议对于为期 1 周的迭代来说已经足够；半天的回顾会议对于为期 30 天的迭代应该够了。把会议时间压缩得太短等于自己骗自己。（发布和项目结束后的回顾会议时间要更长一些，在有些情况下需要 1~4 天。）

复杂性可能与技术环境有关，也可能与关系有关。如果有大量讨论，可以适当增加时间。

如果参加会议的人较多，也要多增加一些时间。如果超过 15 人，所有环节的时间都会增加。

失败的项目和被政治问题困扰的项目会在团队内外引发争议。多留出些时间给大家发泄情绪。

如果大家认同有益的改进，并且完成了团队的计划，你可以提前结束回顾会议。一旦团队实现了目标，就没有必要延长会议时间。只要团队能够实现既定目标，会议延长一些时间也没有太大关系。如果团队仅仅产生了肤浅的认知和制订了简单的计划，那么他们可能需要更多的时间。

第 2 章
为团队量身定制回顾会议

准备回顾会议要花多少时间

如果你第一次组织回顾会议,除了问"哪些方面做得好"和"哪些方面应该改进"这些最基本的问题,还要花时间做准备。

要花多少时间呢?第一次可能要花和所计划的回顾会议一样长的时间。你需要确定会议目标、选择活动和做主持回顾会议的准备工作。对于 1 小时的回顾会议,你大概需要 1 小时进行准备。

此后,每次准备所用的时间会逐渐减少,但不会一点时间都不花,那意味着你根本就没有把这件事放在心上。随着不断地收集和实践你觉得合适的活动,你会很快完成准备工作。

同样,第一次在发布或项目结束后准备一个全天的回顾会议需要投入足够的时间。这是合理的。如果你准备组织 5~20 人花一整天的时间一起学习,一定要确保充分利用他们的时间,以便获得预期的成果。

总之,回顾会议的准备时间因人而异,取决于个人的经验和对活动的熟悉程度。然而,对于初次尝试回顾会议的人来说,需要有一定的时间来做好充分的准备。

2.4 创建回顾会议的架构

在第 1 章中,我们展示了一个架构:设定基调,收集数据,激发灵感,决定行动和总结收尾。这个架构吸纳了所有团队成员的观点,遵循了信息处理的自然顺序,向着大家承诺的方向推进。

你已经确定了需要多少时间来实现回顾会议的目标,现在的问题是你该怎样分配这些时间?

下面是一个适用于 2 小时回顾会议的时间安排:

设定基调	5%	6 分钟
收集数据	30%～50%	40 分钟
激发灵感	20%～30%	25 分钟
决定行动	15%～20%	20 分钟
总结收尾	10%	12 分钟
活动之间的过渡时间	10%～15%	17 分钟
总计	100%	120 分钟

你需要时间涵盖所有的会议阶段,另外,大家还需要时间从一项活动转换到另一项活动,所以,"活动之间的过渡时间"也要考虑。

第 2 章
为团队量身定制回顾会议

> **小贴士　休息时间**
>
> 在逻辑停顿点、精力下降或大家表现出有需求的时候安排休息。对于 2 小时以上的回顾会议，把中间休息安排在议程中，90 分钟左右休息一次，每次最少 10 分钟。

如果你准备主持迭代回顾会议，你可以使用团队平时的会议室。好处是所有资料、设备都在那里，就像平常工作时一样。通常情况下这样就很好，除非有别的问题。

当遇到异常结束的迭代、未达到预期的迭代开发目标或团队内部冲突而需要新鲜观点的时候，你就需要换一间会议室。这样的事情可不是正常业务（至少我们不希望这样），换个环境具有清晰的象征意义。甚至当回顾会议失去活力时，换个会议室还可能有所帮助。大多数人都有这样的经历，当我们沿着一条熟悉的路线开车或步行时，不会注意路旁的任何东西。如果我们总是在同一个房间里开会也会出现同样的现象。换个房间有助于大家发现一些不同的东西。

找一个足够大的能容纳所有人的房间。判断一个房间是否足够大的方法是看一下它的容积率。大多数公司的会议室（和酒店里的会议设施）都提供这个数据，问一下管设备的人，如果你在美国，选择一个能容纳 3~4 倍于计划参加会议人数的房间。要有足够的空间让大家能够舒适地移动，大家不能一排排地坐在那里一直不动（我们甚至都不希望他们一排排地坐着）。

Agile Retrospectives:
Making Good Teams Great

把椅子摆放成一个圆圈或半个圆圈以鼓励参与，这样大家可以彼此看到对方。教室或剧场式座椅排列不利于参与，看着某人的后脑勺不利于对话。桌子可能是物理障碍，也可能变成心理障碍。避免选择中间放着不能挪动的会议桌的房间，这个会议桌会抑制创造性合作。毕竟，这不是在开董事会会议。

如果桌子按 U 形排列，中间就会形成一个大凹陷，使大家之间产生距离，也不便于活动。如果一定要放桌子，那就放便于移动的桌子。

关键不是要让大家离得太远，而是要靠得更近些，这样便于一起看数据图、活动挂图和会议中展示的其他信息。

不管你选择的房间里设施是怎样摆放的，最好有一面墙是空白的，上面可以张贴图表和白板纸。如果你找不到带空白墙面的房间，那就想想其他方法悬挂白板纸：一种是围绕着桌边悬挂，另一种是挂在一根绳子上。你还可以利用开阔的地面，把白板纸铺开，大家可以走到近旁观看。实在没有办法，还可以用胶带把白板纸粘在窗户上（不要用不透明的塑料胶带，因为很难清除）。

便携式白板也是一种展示少量信息的方法，不好的一面是一旦写满就得全部擦掉，对于临时信息来说，它是适用的。如果用于展示团队在整个回顾会议中都需要的信息，则应使用白板纸。

以下是一位回顾会议主持人对会议的看法。场景：团队正在使用一些极限编程实践，但还没有进行结对编程或举行定期的回顾会议。团队正在进行第 6 次为期 2 周的迭代。这次他们通过加班加点

第 2 章
为团队量身定制回顾会议

才完成任务,违反了他们制定的"以可持续的速度工作"的协议。更严重的是,他们构建的系统在迭代的第 2 周就崩溃了。

考虑到迭代的进展情况,其中一名团队成员建议仔细检查出现的问题,在下一次迭代时进行改进并从中获益。其他人都同意他的意见,他们要在第一次回顾会议中总结经验教训。

决定:会议目标是什么?

从上一次迭代中吸取经验教训,找出问题的根源。

决定:什么人参加会议?

所有团队成员。

决定:会议持续多长时间?

2.5 小时。第一次回顾会议需要较长的时间,因为我们还不熟悉这种类型的讨论。而且我们在这些问题上已经工作了 12 周,我们需要回溯到比上一次迭代更久以前的时段。

决定:在哪里开会?

找一间可容纳 20 人的会议室,大家能够在团队活动时四处走动。

决定:怎样布置会议室?

把所有的桌子都推到一边,开始时面对较长的一面墙围坐成半圆,然后移动到房间的角落里进行团队活动。我们不想让大家围着会议桌坐,围成半圆而坐在最初讨论时可以让大家都能看到对方。我们需要多样性和空间,以方便大家四处走动。

通过上述介绍的步骤,现在你应该能够回答下面的问题:

- 召开此次回顾会议的背景是什么?

- 此次回顾会议的目标是什么？
- 回顾会议要开多久？
- 会议地点在哪里？
- 会议的基本架构是什么？

2.5 选择活动

现在你了解了回顾会议的基本内容——目标、持续时间、与会人员、会议室布置和会议架构，下一步就要考虑会议活动了。活动是基于时间盒的流程，可以帮助团队完成回顾会议的每个阶段。活动提供了团队共同思考的架构，与自由讨论相比有很多优点。

鼓励平等参与　与会人员超过5人时很难让每个人都参与讨论。分成更小的小组进行活动，可以使人们更好地倾听对方的声音。

突出讨论焦点　每个活动都有一个特定的目标，把讨论限定在一定的范围里，可以减少（但不一定能消除）跑题的机会。

鼓励新的观点　活动使大家摆脱日常的思维方式，鼓励新想法。有效的活动不必十分复杂、难懂。有用的活动的例子包括头脑风暴、圆点贴投票和结对访谈。

选择那些有助于实现回顾会议目标的活动。如果活动无法和工作建立联系，那就删去。我们不反对游戏和模拟，只要这些活动能为我们的目标服务并促进回顾会议。事实上我们也经常采用。"破冰游戏""激励游戏"及那些与我们工作无关的游戏，不适合在回顾会议中使用。我们只有这么多时间，不要把它浪费在"仅仅是为了好玩儿"的活动上。好玩儿，但是要有目的地玩儿。

动机与学习专家 J. M. 凯勒（J. M. Kaller）开发了一种教学设计的评估标准："注意力""相关性""信心/能力""满意"。虽然你不是在开发教材而是在创造一种学习环境，但适用于同样的评估标准。如果你把访谈作为前期工作，你可能会知道哪些线索与你们团队相关。

选择有助于吸引大家注意力（"注意力"）且与目标相关的（"相关性"）活动，你要让大家成功地实现目标（"信心/能力"），避免那些让人感到愚笨、无能或气愤的活动。人们通常在觉得被出卖的时候感到气愤，在觉得被愚弄的时候产生抗拒。这些都不是你要的东西。最后，确保这些活动与整体设计融为一体，使大家感觉回顾会议值得他们花时间参与（"满意"）。

通过变换活动方式，可以保持团队的注意力，例如，在两人活动之后进行小组活动或全体活动；在进行坐着的活动之后安排走动的活动。

此外，老生常谈的活动使大家感到厌烦。如果大家对某个活动感到厌烦，这也是个机会，找一个能够使你和团队感兴趣的新的活动。当大家感兴趣的时候，他们不太可能陷入你不想要的习惯性思维，你想要的是创造性思维。当有了一定的主持回顾会议的经验时，你将开始安排你自己的活动。有许多启发思想、分析问题或者确认

Agile Retrospectives:
Making Good Teams Great

新奇解决方案的活动都可以在回顾会议中使用。在本书中,我们已经将回顾会议各阶段的活动包括在循序渐进的指导原则中了。

> 💡 **小贴士　为每个活动准备一个备份活动**
>
> 为每个阶段都准备两个活动,一长一短,时间紧的话就用短的那一个。

现在,我们来看一下怎样为每个阶段选择活动。我们将用极限编程团队的故事做例子:团队通过加班加点才完成了任务,他们构建的系统崩溃了。(每项具体活动在后面有关"活动"的章节里都有详细的描述。)

阶段:设定基调

活动:聚焦/散焦

为什么?开场白之后(重申会议目标、时间安排和工作协议),这项活动有助于培养一种正确看待问题、不互相指责的心态。我们鼓励公开讨论。

阶段:收集数据

活动:用彩色圆点贴做标记

为什么?团队检视过去相当长的一段时间,这将帮助他们回忆起先前的迭代中发生的事情。帮助大家了解事件之间的联系。彩色

第 2 章
为团队量身定制回顾会议

圆点贴将帮助我们看清事实,并有效地利用时间。

阶段:激发灵感

活动:模式和转换

为什么?我将带领大家识别和命名导致我们目前问题的模式和重要事件。

活动:鱼骨图

为什么?在观察了模式之后,我们需要确定问题的根源。我们将对重要事件及问题背后的原因进行分析。

活动:综合报告

为什么?我们需要各小组分担工作,寻找共同的线索和原因。

活动:确定主题

为什么?如果潜在的问题不能在团队内部得到解决,我们就需要制定影响策略,向经理说明解决这个问题的重要性。

阶段:决定行动

活动:用圆点贴进行优先级排序

为什么?我们需要确定最主要的两三个问题根源,以便在下一次迭代中加以解决。我们不可能一次进行太多的变革,我们只需要做能够产生最大效果的几件事情。

下一步就要看团队认为哪些是最重要的事情。

选项 1：写故事卡（"回顾规划游戏"）。

为什么？我们可以带着故事卡上的事项参加下一次迭代规划会议，并且把它们融入其他工作中。

选项 2：增加工作协议。

为什么？团队或许需要更多相关的工作协议（因为他们一直在违反现行的工作协议），这件事在会议期间马上就可以做。

选项 3：写建议书。

阶段：总结收尾

活动：+/Δ

为什么？改进回顾会议。

活动：感谢

为什么？为大家提供一个认可贡献的机会。在艰难的迭代和回顾会议之后，我们需要提醒自己：别忘了感谢团队的努力工作。

假设图 2-1 是为你们的回顾会议而设计的大纲。图 2-2 是回顾会议的议程。

你已经了解了回顾会议的目标、会议持续时间、会议地点、与会人员，以及那些你将用来帮助团队共同思考和解决问题的活动。

第 2 章
为团队量身定制回顾会议

> **我的回顾会议大纲**
> **9:30—12:00**
>
> 9:30　设定基调——欢迎大家
> 　　　　　　　　重申会议目标、时间安排和工作协议
> 　9:40　活动——聚焦/散焦
> 　　　　　● 分组（3?）
> 　　　　　● 公开讨论=无指责活动
> 9:45　收集数据——活动：用彩色圆点贴做标记
> 　　　　　　　代表感受的彩色圆点贴/即时贴
> 　　　　　蓝色=悲伤　　粉色=疯狂
> 　　　　　黄色=惊讶　　绿色=高兴
> 10:30　激发灵感——活动：模式和转换
> 　休息一下？　　　活动：鱼骨图
> 　　　　　　　　活动：综合报告
> 　　　　　　　　活动：确定主题
> 11:15　决定行动——活动：用圆点贴进行优先级排序
> 　　　　　　　可选活动：选择一个
> 　　　　　　　—写故事卡
> 　　　　　　　—增加工作协议
> 　　　　　　　—写建议书
> 11:50　总结收尾
> 　　　　　活动：+/Δ
> 　　　　　活动：感谢
> 　　　　　感谢所有团队成员。

图 2-1　回顾会议大纲

现在，你必须做的事就是召集大家开会。

37

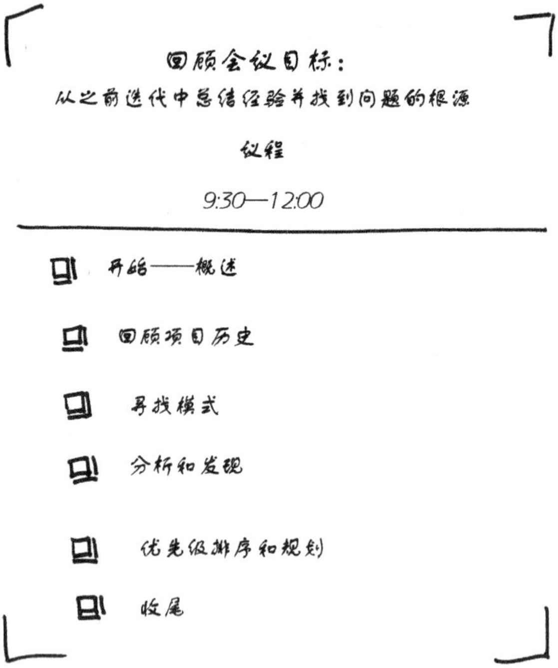

Agile Retrospectives:
Making Good Teams Great

> 回顾会议目标：
> 从之前迭代中总结经验并找到问题的根源
>
> 议程
>
> 9:30—12:00
>
> - 开始——概述
> - 回顾项目历史
> - 寻找模式
> - 分析和发现
> - 优先级排序和规划
> - 收尾

这些事项涵盖了回顾会议的 5 个阶段

图 2-2　回顾会议的议程

第 3 章

主持回顾会议

本章介绍回顾会议主持人的角色和技能。主持迭代回顾会议，你不必成为专业的引导师，但需要掌握基本的引导技能。为了掌握引导技能，你要先了解角色，然后练习，并寻求反馈。

作为一名回顾会议主持人，你可以跟着内容走，但你的首要责任是跟着流程走。流程意味着管理活动、管理团队动态和管理时间。回顾会议主持人的注意力应放在回顾会议的流程和整体架构上。他们关注团队的需求和动态，并帮助团队实现目标。回顾会议主持人在讨论中必须保持中立，即使他们有鲜明的立场。

当讨论的内容涉及你自己的团队时，你很容易被卷进讨论中。如果讨论的内容是你最关心的话题，你更容易跳进去参加讨论。但是，如果你沉浸在内容当中，你就会忘记流程，停顿一下，看看你的想法是不是非说出来不可，大多数情况下，没有你的帮助，你的团队一样会做得很好。你加入讨论还有一个风险，就是主持人过多参与会抑制大家的讨论。

与你相反，与会人员会把注意力放在内容上并参与讨论，有时会产生分歧（当然，还没到不愉快的程度），需要做出决定。他们瞄准一个目标，管理自己的情绪、感受和反应，从而为积极讨论和最终结果做出贡献。

> **小贴士　何时给出专家意见**
>
> 当你认为有重要的内容需要讨论而其他人没有提及时，你可以告诉大家你要临时变换一下角色，把你的记号笔交给另一位团队成员，表示你在参加讨论时已经不再是主持人了。（当然，完事之后别忘了把你的记号笔和你的主持人角色要回来。）

3.1 管理活动

每个回顾会议的设计都包括一些活动，如制定工作协议、创建时间线、进行头脑风暴、确定优先级等，以帮助团队共同思考。你需要向大家介绍每个活动，监督活动的进展，并在活动结束后进行简短的总结。

大多数人在参加活动前都想了解有关活动的目的。给出一个大致范围,但不要涉及更多的细节,或者只是告诉大家会从活动中学到什么就行了。

> **小贴士　介绍活动**
>
> 　　第一次举行活动,最好写一个脚本,提醒自己该说什么话,但不要曲解活动说明或遗漏什么。
> 　　看着你手中的脚本大声练习,用嘴说出来和光看或想效果是不一样的。当听到自己的声音时,你就会发现什么地方不通顺,甚至没有按活动说明的要求做。这样你就可以改进你的脚本,再多练习几次。
> 　　在实际活动中,你可能并没有完全照自己的脚本做,但充分的准备和练习会帮助你将活动内容解释得更清楚、更准确。

以下是一个重新创建发布时间线的活动介绍:"为了了解迭代,我们需要从个人角度把整件事情说清楚。我们将创建一个能够显示项目期间发生的所有事情的时间线,有了这个尽可能完整的时间线,我们将寻找有趣的模式并探索其中的秘密。"

这告诉了你"了解迭代"这一活动的范畴并列出了实现的大概步骤:创建时间线、寻找有趣的模式和探索其中的秘密。这并没有告诉你团队活动的成果是什么,成果需要由团队创造。

Agile Retrospectives:
Making Good Teams Great

大多数人（即便是真正聪明的人）不可能掌握如此多的活动细节，在介绍每个活动的时候，我们再给出活动的细节。对于创建时间线，最初几个步骤的细节是："让我们两人或三人一组，对发布期间发生的所有事情进行头脑风暴。这些事情不一定是里程碑，可以是项目中发生的任何事情。"布置完后，问大家对这个任务还有什么疑问。暂停一下，数到 10。可能有人会提出疑问，等一下。

作为主持人，你有两项任务：随时回答有关活动的问题，把控会议现场。

当小组开始活动时，观察讨论的激烈程度。讨论激烈是积极的征兆，而安静下来则表明讨论已经结束或需要更多的时间。对于那些需要花时间书写或各自独立工作的情况，谈论的嗡嗡声表示大家已经做完了布置的作业，开始与旁边的人交头接耳。如果在讨论的末尾阶段气氛仍然很热烈，就要看一看是否还要给大家再多一点时间。当然，讨论活跃也可能是大家完成了任务，正在谈论刚刚看过的一场电影。

针对每个活动做小结。这可以帮助你的团队审视他们的经验，提取灵感。这可以产生意识连接，从而形成新的见解。活动小结有助于获取回顾会议上的灵感和做出下一步的行动决定。

所以，做小结是重要的。那么该怎样做呢？

这里有一个简单的"四步法"，几乎适用于所有活动。

- 从询问观察到的事件和其他感官输入开始。"你们看见和听说什么了吗？"

- 询问大家对这些事件和输入的反应。"什么让你惊讶？你在何处面临挑战？"
- 通过询问激发灵感。使用这样的语句提问："你忽然想到了什么？"紧接着问："这与我们的项目有什么关系？"这些问题帮助人们理清头绪并将活动同项目联系起来。
- 当你在活动与项目之间建立联系之后，询问小组成员如何运用他们的灵感完成学习环节："哪件事情是你能够用不同的方法去做的？"

如果遵循回顾会议架构的流程（收集数据，激发灵感，决定行动），你注意到了什么类似的东西？

做小结的方法有很多（见附录B），这是一个好的开端。

对于一个 5～20 分钟的活动，用相当于其 50%～100%的时间做小结。也就是说，如果是一个 10 分钟的活动，可以用 5～10 分钟的时间做小结。

3.2 管理团队动态

在大多数回顾会议中，管理团队动态意味着管理大家的参与程度：保证有话要说的人有机会说话，让说得太多的人不要占用太多的时间。注意那些比别人说得多或者说得少的人，用征求意见的方式为不太爱说话的人打开话匣子，询问那些刚要说话却被别人打断的人是不是有什么话要说。创造一种轻松的环境，让大家积极发言。

为了让不爱说话的人发言，你可以试着这样说："到现在为止，我们还没有听到利文和卡特的声音，你们二位有什么要补充的吗？"他们俩可能仍然不发表意见，你要做好思想准备。如果有人喋喋不休地讲个不停，你最好直截了当地劝阻他。如果你已经发现了这种苗头，在活动开始前就要提醒他注意对团队中其他人的影响，不要阻碍别人发表意见，请他收敛一些。如果私下谈这件事不起作用，你要在回顾会议中直接进行劝阻。当某个人试图就每个话题都发表看法时，你要举手并提醒他："对不起，我们已经知道你对所有问题的看法了，我们可不可以听听其他人的意见？"保持语气中立。"我们已经'知道''你'对'所有问题'的看法了"，使用责备的口吻对整个回顾会议没有好处。经理通常不会参加所有的回顾会议，一旦他们出现在大家面前，则有可能抢走所有的话头。这并不是说他们做得不对，一旦大家看到经理在场（不管因为什么）而收声的时候，经理往往站出来说话以活跃气氛。在活动开始之前跟经理见个面，告诉他们如何适当地参与，让别人先讲，感谢别人的贡献，小心地表示异议，如"我是从另一个角度看这个问题的"。而像"你错了""你根本不明白是怎么回事儿""你还没有听我说完""我不同意"这样的话只会压制别人参与的积极性，甚至引起冲突，这是要尽量避免的。

下面是回顾会议主持人如何应对健谈的经理的例子：拉吉夫是一名精力充沛的项目经理，特别能说，他非常热衷于这个项目。杰西在回顾会议开始之前跟他见面,拉吉夫担心他会忘记给别人先说话的机会,于是,杰西和拉吉夫约定了一个暗号:每当他不按次序发言的时候,杰西就走过去,站在他的身边。后来,他们并没有机会用到这个暗号,仅仅这个约定本身就足以提醒拉吉夫耐心等待别人先发言。

> **小贴士 帮助团队继续前进的策略**
>
> 有时当团队活动进行不下去的时候,作为回顾会议主持人,你可以通过提出以下问题来帮助大家恢复创造力:
>
> - 我们以前做过哪些尝试?结果怎么样?你想看到什么不同的结果?
> - 如果我们做到了,我们会获得什么?
> - 你是否尝试过用一种不同的方法?结果怎样?
>
> 从那些想得多、说得少的成员那里,你还可以获得更多的见解,你可以建议在提交解决方案之前多做一些研究。你可以暂时摘下回顾会议主持人的"帽子",根据你个人的经验提供相关专业领域知识。你可以告诉他们该做什么,但这将扼杀他们的学习能力。

在谈完参与度管理之后,接下来最常见的问题是违反工作协议和指责。这两个问题都会产生负面影响,因此你不能置若罔闻。

迟早会发生团队成员违反工作协议的情况。人们往往有好的意图,但还是会回到旧的模式。当这种情况发生的时候,你要提醒他们遵守工作协议。如果你放任不管,其他人就会认为工作协议可有可无,不值得重视。遵守工作协议,每个人都负有监督的责任。

指责会触发团队成员之间的防范和反唇相讥。这会使团队士气螺旋下降,会破坏回顾会议的氛围。注意听有关"你"的语言(如"你把代码搞砸了")和给别人贴标签的评论(如"你还不成熟")。两者都包含指责的成分,这会分散对真正问题的注意力,对回顾会议造成伤害。

鼓励用"我"的语言。"我"的语言以讲话者的观察和经验为中心,而不是给别人贴标签。当听到责备或批评某人的话时,你要进行干预,将话题引入正轨。

下面是一个如何处理指责的例子:在平台扩展的回顾会议中,有一名团队成员责备另一名同事破坏了代码。"要不是因为你的错误,我们现在早就实现目标了!"

"停一停!"回顾会议主持人说,"你可以以'我'为主语再说一遍你的话吗?"这名团队成员想了一下,说:"没有实现目标让我很生气,因为修复这个代码非常麻烦。"后来,大家才又继续关注代码方面更大的问题而不是去指责某个人。

描述一下你的所见所闻:"我听到了'标签'和'你'。"描述一下导致人们停下来检视自己所做事情的行为。

团队动态包括团队成员的互动和情绪。你不需要对别人的情绪负责,但是,作为回顾会议主持人,你有责任保证会议取得成效。

第 3 章
主持回顾会议

这意味着你要做好处理有关情绪和互动情况的准备。

大多数互动和情绪会帮助大家向前发展，但个别情况下会起反作用。下面是一些需要注意的具有挑战性的团队动态和互动，幸运的话，你应该不会在一次回顾会议中碰到所有这些棘手的情况。如果情绪爆发在团队开会时候经常发生，那就意味着有别的事情了。回顾会议并不能解决所有问题，如果面临的问题超出了一般意义上的团队内部摩擦，请立刻联系人力资源部寻求帮助和指导。

如果人们一直压抑自己的情绪，他们往往会以奇怪的形式表现出来：当触及严肃的话题时他们哭泣、喊叫、跺着脚跑出房间、歇斯底里地狂笑或像小丑似的表演。

在你着手解决问题之前，注意自己的反应，你很容易将注意力放在安慰某个人身上而忽视了会议的目标和整个团队的需求。在回顾会议中，你的主要责任是与整个团队互动而不是照顾某个人。当然，这不是说忽视个人的情绪，而是要以对个人和团队都有帮助的方式处理情绪问题。

下面是一些对我们行之有效，同时相信也会对你有用的策略。记住一些应急对策，将使你在紧要关头有更多的选择。因此，想一想最令你恐惧的突发状况，用我们推荐的策略在心中进行演练。突发状况是令人不安的，但并非一定会破坏我们的流程。如果你认为自己永远都无法运用这些策略，别忘了"回顾会议女神"之一（这两位作者之一。——译者注）也是从普通程序员开始一步步成长起来的。

Agile Retrospectives:
Making Good Teams Great

哭泣 预备一盒纸巾。当这个人缓过来可以说话时，你问他："在你身上发生了什么？可不可以让大家帮你分担一下？"停顿。给一点时间，此人通常会讲出一些相关话题的内心感受。

喊叫 大多数情况下，当有人开始大声喊叫时，房间里的其他人往往都会停止正在进行的活动，这将影响大家的活动成效。你要立即进行干涉，举起一只手，用镇定而强有力的声音说："等等！"接着说："我想听听你到底要说些什么，可是你大喊大叫，我什么也听不清。你能不能平心静气地说，为什么要这样大喊大叫？"如果这个人说"我没大喊大叫"，你也不要奇怪。当某人愤怒或兴奋的时候，他可能没有注意到自己提高了嗓门。你不必说"是的，你就是在大喊大叫"，通常你只要提醒他注意就足以制止其行为了。

如果你的团队成员继续指责或大喊大叫呢？宣布临时休会，私下里找这个人谈谈，让他知道其行为是如何影响整个团队的，不要用威胁的方式表达情绪。如果这个人不愿接受你的建议，"请"但不要"叫"他离开一会儿，等他能够控制自己的情绪时再回来继续参加会议。

跺着脚跑出房间 当一名团队成员跺着脚跑出房间的时候，就让他去吧。问问大家："怎么回事儿？"他们会告诉你的。问问大家是否可以继续进行下去，大多数时候，他们会表示可以继续进行下去。如果这种情况多次发生，那一定是有别的问题，要找那个离开房间的人谈谈。

歇斯底里地狂笑或像小丑似的表演 在回顾会议中增加趣味性

是件好事，人们可以用笑声或幽默回避敏感话题。可是开玩笑要适可而止，否则你的会议就会跑题，那就得管一管了。观察一下，问一问："我注意到每次谈及这个话题的时候都有人笑，这是怎么回事？"大家会告诉你其中的原因，然后你引导大家回到正题上。

还要注意另外两种情况，虽然不会爆发，但也值得注意。

突然变得安静 当团队突然变得安静时，一定是发生了什么事情。还是老办法，观察并询问："你们组怎么这么安静？刚才不是讨论得很热烈吗？现在怎么啦？"大家可能只是有点儿累，想休息一下。或许他们不知道该怎样谈及一个话题。一旦你问了这样的问题，总会有人想出一个新的话题，引发滔滔不绝的热烈讨论。

当然，安静也许并不意味着发生了什么事情，大家可能在思考，也许是累了，或者他们本来就是一个比较安静的小组。但是，如果突然安静下来或者有些异样，那就值得关注了。

暗流涌动 交头接耳和开小会儿，表明有什么不适合公开讨论的事情。还是老办法，问问他们在议论什么，他们会告诉你的。

下面是回顾会议主持人如何应对突发干扰的例子。在一次团队搭建网络基础设施的非现场发布回顾会议中，琳赛注意到一名经理在接听手机，但工作协议是禁止这个时候打电话的。他出去了一下，然后又回到房间里，他跟旁边的人耳语了一阵，后来又跟另一名同事交头接耳，然后打开笔记本电脑。每个人都试图将注意力集中在讨论上，但有事情让他们分心了。琳赛暂停了讨论，问："出了什么事？"有人解释说，办公室那边出了严重事故，销售经理让他们回去解决。他们还想继续参加会议，但被这个请求和客户的紧急情况分散了注意力。琳赛跟大家商量怎么办：暂停回顾会议，另外找时间开？继续开会，对事故置之不理？一边开会一边处理事故？最后，大家决定腾出一段时间马上解决事故，然后继续开会。

琳赛没有指责任何人。在大多数情况下，先观察是哪种行为，再评论一下，询问大家做些什么可以处理目前的问题。

如果上述这些你都能自如处理了，会议的时间管理就相对容易多了！

3.3 管理时间

困难和障碍：当你主持回顾会议时，你应该尽量满足团队的需求，还要注意不要超时，这是一件两头为难的事情。

带上计时器，为你的活动计时。我们有时会忘记时间，所以要记下活动开始的时间，这样我们就知道什么时候该结束。或者你还可以用秒表来计时。

如果你是在主持一个超过 8 人的小组会议，就需要一种能够提醒大家该进入下一阶段的信号。用一个铃铛、闹钟或其他能发出不那么令人讨厌的声音的东西，提醒大家该集中在一起进行小结了，或者该接受进一步的指示了。大声呼喊效果不好，还容易发出错误的信息。吹口哨可以引起大家的注意，但不总是能得到想要的效果。

要是你不在意你的尊严的话，模仿鸭子叫、牛叫还有其他动物的叫声，对于少于 10 人的小组，效果也还可以。

当讨论还在热烈进行中，而你计划的时间已经用完时，问问大家还想做什么："我担心如果继续讨论下去会打乱我们的计划，你们还有什么要做的吗？"大家会重新集中注意力往下进行，或者他们会告诉你当前的讨论比原先确定的目标更重要。把决定权交给大家。

通常这是很明显的，如果不是这样，就要寻求妥协，如给进行中的讨论限定一个时间或者另找时间重新讨论此话题。如果感觉时间不够，就要准备好用时更短的活动。但是，你还是要实现回顾会议既定的目标——为改进和提升制订计划。

3.4 管理你自己

除了管理活动、团队动态及时间，你还要管理你自己。

牢牢掌握所有跟团队和个人相关的动态看起来似乎占据压倒性地位。尽管策略有助于管理团队动态，但关键的不是技巧，而是了解和管理你自己的情绪状态和反应。如果你没有管理好自己的情绪状态，任何技巧或策略都无济于事。当情绪激动的时候，你的团队需要有人保持冷静，这个人正是你——回顾会议主持人。

如果你感到焦虑或紧张，深深地吸一口气，或者你觉得有必要的话，可以宣布休息一会儿。

你的焦虑是一条线索，要求你理清头绪，确定下一步为团队做什么。

记住，你并没造成房间里的情绪化局面，你也没有责任使所有事情都令人高兴，使所有人都那么愉快。

休息期间，花点时间活动活动手脚，放松一下自己，做三次深呼吸。这些建议看起来好像有点多余。不过人紧张和焦虑的时候会影响血液流入大脑……这会降低清晰思考的能力，继而进一步加重紧张和焦虑。氧气对大脑来说是个好东西，它帮助你思考。当你的大脑恢复了足够的供氧后，问自己几个问题：

- "刚才发生了什么？"
- "有多少是意料之中的？有多少是意料之外的？"
- "怎么会走到这一步？"
- "下一步该怎么走？"
- "我有哪三个选择？"
- "我能为小组做些什么？"

这些问题会帮助你重新进入状态，然后你就可以采取管理团队动态的策略。只要有策略，你就不会不知所措。随着时间的推移，你处理情绪化状态的经验会不断增加。找一个能从容处理团队情绪的人做老师，跟他一起工作，以增加自信并掌握更多处理这类问题的方法。当然，别忘了多做深呼吸。

3.5 让你的技能再上一个台阶

如果你希望帮助团队更好地成长，渴望提高你作为会议主持人的技能，并不断丰富你的工具箱，可以考虑在以下几方面巩固你的技能。

- 参与活动。开发、引进和总结活动及进行活动模拟是一门艺术，可以帮助人们一起思考和学习。除了在回顾会议中采用上述活动，如果辅导、教学和培训是你工作的一部分，那么使用活动和模拟也大有益处。

- 帮助团队做决策。有关人们如何做决策的相关知识有一大堆，并不是完全靠逻辑推理。在了解了什么样的决策程序适合你们的情况及如何帮助团队做决策后，你就可以提高团队的决策质量。

- 了解和管理团队动态。了解个体和群体是一生的课题。就像组织一次很好的回顾会议一样，你在这个领域里的技能会帮你建立和培育一个高绩效的团队。

- 增强自我意识。自我意识是个人效能的基础。你对自己及在压力下如何做出反应了解得越多，你就越不容易出错。获得对习惯模式的觉察是第一步，之后你才能有意识地做出应对的选择，而不再是简单的下意识反应。

- 练习使用白板纸。不要让你的字潦草得没人能看懂！如果你和团队一起工作,要学会如何以视觉方式呈现信息,以帮助团队快速、有效地处理信息。

这些技能适用于许多工作场合,不仅仅是回顾会议。你对团队活动流程的了解和帮助团队走向成功的能力,也会帮助你个人成功。

练习主持其他类型的会议。如果你工作之余是志愿者团队或其他组织中的一员,主动要求主持会议或小组委员会。这样的会议风险小,能帮你积累经验。练习管理任何会议中的动态都会给你在回顾会议中管理动态带来回报。

观察其他有效主持会议和组织小组工作的高人,看看他们怎样与人们互动,以及遇到会议进行得不顺利的时候如何回应。你不必用别人的原话,但你可以分析你看到的东西,然后根据你自己的习惯去灵活运用。

带反馈练习是一种学习引导技能的最佳方式(参见《攀登学习曲线:在实践中获得反馈》)。请一个你信得过且具有一定引导意识的人观摩你的会议主持活动。如果你想在某个特殊方面得到提高的话,可以请这个人注意观察你在这方面的表现,或者你也可以让这个人指出你没有注意到的坏习惯。

关于提高引导技能的资源,参见附录 D。

学习到现在,你已经快成为专家了。引导工作所需的技能跟我们在开发软件过程中培养的技能不一样,所需视野也不同。掌握新技能需要时间和练习。给你自己留点时间,管理好期望值,再找个导师。这样你就可以检视和调查自己的引导技能了。

第 4 章

设定基调的活动

设定基调就是为团队在回顾会议中要做的事情做准备。

设定基调可以简单到重温目标、议程、工作协议等。当团队需要做更多准备工作时可以进行下面这些活动。

4.1 签到

通过此活动为迭代回顾会议做准备。

目的

帮助大家把其他的顾虑放在一边，把注意力集中在回顾会议上，帮助大家搞清楚要从回顾会议活动中取得什么收获。

Agile Retrospectives:
Making Good Teams Great

所需时间

根据团队人数的多少，需要 5~10 分钟。

说明

在致欢迎词并介绍会议目标和议程之后，回顾会议主持人问一个简短的问题，请每个人轮流回答。

步骤

1. 问一个问题，每个人都可以用一个词或一个短语回答。

   下面是几个例子：

   - 你能用一个词说明自己想从会议中得到什么吗？
   - 你能用一两个词说明此时此刻你正在做什么吗？
   - 你能用一两个词说明你对回顾会议有什么样的期望吗？

     注意：如果你问这个问题，还要问每个人需要做些什么才能把顾虑暂且放在一边。有时把这些顾虑写在纸条上夹进书里或放进衣服口袋里，可以帮助人们从心理上解脱出来。

   - 来参加这次回顾会议，如果你是一辆车，你会是什么类型的车？

     注意：问这个问题时你可以用使用不同事物做比喻，如动物、物品等，但要小心，避免使用不合适的或愚蠢的比喻。

第 4 章
设定基调的活动

  如果有人说"我跳过（不回答）这个问题"也没关系，至少"我跳过（不回答）这个问题"这句话让在座的人听到了。

2. 一边听大家的回答，一边在房间里四处走动，你可以感谢每名与会人员（记住，要感谢就要对每名与会人员表示感谢，不要有遗漏）。要忍住，不要说任何评判的话，诸如"回答得好""非常好"。

材料及准备工作

提前准备好要问的问题。

示例

  一些团队会识别四五个情绪化的词语，如高兴、生气、忧虑、沮丧和希望。每名团队成员都会用其中一个表达自己签到时的情绪状态。

  当出现冲突或遭遇挫折的时候，用这样的签到方式非常有帮助，因为通过这种方式，可以让人们把自己的感受与迭代中发生的事件关联起来。

4.2 聚焦/散焦

通过此活动为迭代回顾会议设定基调。

目的

使与会人员搁置指责和评判,并消除对指责和评判的恐惧心理。

所需时间

根据团队人数的多少,需要 8~12 分钟。

说明

在致欢迎词、讲解目标和安排议程之后,主持人描述有成效和无成效的沟通模式,让与会人员讨论回顾会议对他们来说意味着什么。

步骤

1. 让大家注意"聚焦/散焦图"(见图 4-1),简略地阅读一遍。
2. 把大家分成若干小组,每组不超过 4 人,让每个小组挑选一对词语进行定义和描述。如果小组超过 4 人的话,同时有几个小组挑选同一对词语也没关系。
3. 请各小组讨论他们挑选出来的那对词语的意思和它们所代表

的行为，让他们描述每个词语对团队和回顾会议的影响。

4. 请各小组向整个团队汇报他们的讨论结果。

5. 询问大家是不是更倾向于图 4-1 左侧一栏，即"聚焦"部分的描述。

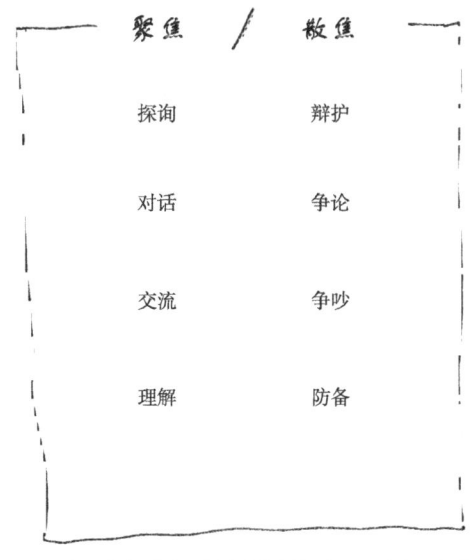

聚焦	散焦
探询	辩护
对话	争论
交流	争吵
理解	防备

这是一次很棒的活动，关注人们的行为，以及这些行为如何影响团队成员

图 4-1　聚焦/散焦

材料及准备工作

提前准备好白板纸和"聚焦/散焦"条目。

示例

对于发布或项目回顾会议，通过这样的活动，引导大家制定会

议的工作协议。许多团队鼓励将"聚焦"所述行为作为工作协议，来改善日常沟通。

这是将注意力集中在行为及其如何影响团队成员上的一个很好的活动。

4.3 ESVP

通过此活动为较长的迭代、发布或项目回顾会议设定基调。

目的

使大家关注回顾会议工作，了解大家对回顾会议的态度。

所需时间

10～15分钟。

说明

每名与会人员匿名汇报他作为探索者（Explorer）、采购者（Shopper）、度假者（Vacationer）或囚徒（Prisoner）——ESVP（4种角色的首字母缩写）——对回顾会议所持有的不同态度。回顾会议主持人收集大家的反馈，绘制一张柱状图，展示收集的数据，然后指导大家讨论这个结果对整个团队意味着什么。

第 4 章
设定基调的活动

步骤

1. 解释你将用投票表决的方式来了解大家对参加回顾会议的态度。

2. 把白板纸展示给大家看并定义术语：

   - 探索者渴望新的想法和灵感，他们想学会所有可以学到的有关迭代、发布和项目的知识。

   - 采购者会研究所有能得到的信息，然后把一个有用的新观点带回家。

   - 度假者对回顾会议工作并不感兴趣，但离开无聊的日常工作使他们很开心，他们不会把注意力一直放在回顾会议上。

   - 囚徒觉得他们是被强迫来参加回顾会议的，如果让他们选择，他们宁愿去做点别的什么事情。

3. 把纸条或索引卡片分发下去，让大家把他们对今天的回顾会议的态度写在上面，对折起来以便保密。

4. 把大家写好并折叠起来的纸条或卡片收集上来，打乱以后放在一起。

5. 在你宣读每个纸条或每张卡片上的内容时，请一名与会人员帮你在柱状图上打钩做记号。你每读完一个（张）就把它放进衣服口袋里，等你全部读完时把它们团在一起，撕碎扔进纸篓。要当着大家的面做这件事情，以使大家放心没人能根据纸条或卡片上的笔迹认出是谁写的。

6. 问大家:"你们从这些数据中能看出什么?"然后组织一个简短的讨论,大家谈一谈与会的态度将对回顾会议产生什么影响。

7. 用下面的话进行总结:"这几种态度跟日常工作中的态度是否很相似?"

材料及准备工作

投票用的纸条或索引卡片、铅笔或圆珠笔。一张用来统计票数画"正"字的白板纸。

示例

如果房间里的大多数人都是度假者,这个有趣的信息说明了大家是如何看待自己的工作的。你或许要改变一下此次会议的主题,将这个统计图作为回顾会议中讨论的主题。

在图 4-2 中,没有一个人觉得自己是"囚徒"。但如果你们的房间里确实有的话,建议他们自己选择怎样度过这段时光,他们可以参与或退出会议。如果他们选择退出,那这个组就比较惨了。

如果在会议中间安排休息,你可以建议这些人休息后自由选择回来或不回来。如果休息后这些人返回,则表明他们不再是"囚徒"了。

第 4 章
设定基调的活动

如果事先做足了功课，你就不会对满屋子的"囚徒"感到惊讶。与有很多度假者的情况一样，如果大多数人感觉他们是"囚徒"，那就需要你处理一下，否则，你什么也做不成。图 4-2 是一次迭代回顾会议的与会人员态度（ESVP 活动）统计图，大多数人是探索者和采购者，他们有兴趣从活动中学到东西。只有一名度假者，问题不大。

```
参会者的类型

探索者      正
采购者      下
度假者      一
囚徒
```

这是一个迭代回顾会议的统计图。团队的大多数成员对从回顾会议中学习感兴趣（探索者和采购者），只有一名度假者——这可以接受

图 4-2　ESVP 活动

4.4　工作协议

通过此活动为迭代、发布和项目回顾会议设定基调。

目的

建立一套支持团队进行有效讨论的行为规范，使团队成员有责任监督彼此的互动。如果团队还没有制定日常的工作协议，这是可选的方案之一。

所需时间

根据团队人数的多少，一般需要 10~30 分钟。

说明

团队成员集思广益，贡献有关有效工作行为的想法，然后选择 5~7 条协议指导团队互动或工作流程。

步骤

首先由回顾会议主持人致欢迎词，讲解会议目标和议程，然后团队分成若干小组，每个小组 2~4 人，然后制定工作协议的候选项。之后，每个小组依次汇报他们认为最重要的工作协议提议，回顾会议主持人把所有这些提议收集在一起并引导大家做必要的修改，最后，选出 3~7 条工作协议作为回顾会议活动的行为准则。

1. 解释活动内容："我们准备为回顾会议制定一套工作协议，这样，我们一起工作的每个人都将知道我们的期望是什么。我们每个人都有责任遵守这些工作协议，并且在发现违反工作协议的行为时，提醒整个团队注意。制定这些工作协议的

第 4 章
设定基调的活动

目的是帮助回顾会议能够顺利进行。"

2. 分成若干小组，每个小组 2~4 人。

3. 请每个小组提出 3~5 条工作协议，这些工作协议能够帮助团队在回顾会议中进行富有成效的讨论。提醒大家，这些工作协议并不是我们平时已有的工作协议，而应该涉及新的行为或团队不常见的行为。

4. 请每个小组依次汇报他们认为最重要的工作协议，按原话写在白板纸上，直到所有独到的提议都写完为止。

5. 向大家解释，要从所有的提议中选择 3~7 条作为最终的工作协议，太多了很难记住并遵守。

6. 如果提议少于 3 条，则要逐条澄清。确信大家都理解之后对每条工作协议进行"拇指表决"：拇指向上，表示"我赞成"；拇指指向一边，表示"我支持大家的决定"；拇指向下，表示"我反对"。

7. 如果提议多于 7 条，可用圆点贴确定优先级顺序。发给每名团队成员 3 个圆点贴进行表决，每个人可以将 3 个圆点贴分别贴在不同的提议旁边，也可以把 3 个圆点贴都贴在一个提议旁边。统计结果，确定得票最多的 5~7 条提议。

材料及准备工作

白板纸、记号笔、圆点贴。

示例

常常有人要求我们给出典型的工作协议的例子。但我们并无工作协议的标准模板，每个团队应该制定反映自身特殊需求的工作协议。

第 5 章

收集数据的活动

通过收集数据，可以绘制在迭代、发布或项目期间所发生事情的共享图。如果没有数据，团队只能想象什么需要改进和如何改进。收集数据的活动可以使团队从不同角度共享和整合数据。

5.1 时间线

对于时间比较长的迭代、发布或项目回顾会议，通过此活动可以为会议收集数据。

目的

唤起大家对工作中发生了什么的回忆，从多个视角绘制一幅工作图。逐项检查何人何时做了什么工作，以便从中发现模式或者团

Agile Retrospectives:
Making Good Teams Great

队能量的变化。此活动只谈"事实"或"事实和感受"。

所需时间

基于团队人数及工作的多少，需要 30 ~ 90 分钟。

说明

针对迭代、发布或项目，每名成员把自己认为重要的事情写在卡片上，并按大概时间顺序把它们贴到白板纸上。回顾会议主持人协助大家讨论每件事情，使大家了解在迭代、发布或项目进行过程中的事实和感受。

步骤

1. 使用下面的开场白作为活动的开始："我们要通过创建时间线来更完整地展现项目（迭代、发布）的状况，我们需要全方位、多角度地审视项目（迭代、发布）。"
2. 把所有人分成多个小组，每个小组不超过 5 人。尽量把日常工作紧密的人分在一个小组。如果日常工作小组人数比较多，把他们分成多个小组更好。

   给每个小组一些标签卡片、索引卡片或即时贴。

   虽然听起来有点唠叨，但还是要提醒大家，字迹要工整，以方便阅读。

第 5 章
收集数据的活动

3. 说明活动流程

   要求大家回忆迭代、发布或项目,写下自认为重要的活动、事件(可以是印象深刻、影响重大或对个人有意义的事)。每卡一事。

   提醒大家活动的目的是从尽可能多的角度去观察,一件事情是否重要会因人而异。所有人不需要达成统一,如果它对你来说是重要的,就把它写下来。

   大家有 10 分钟时间。

   如果使用不同颜色的卡片,请解释每种颜色的意义,并把其标注在醒目处。提醒大家字迹要工整。

4. 在大家开始讨论并书写事件后,注意观察进展。如果时间过半还没开始,就要提醒大家开始书写。如果有的小组已经写了很多,可以请他们贴到白板纸上(见图 5-1)。

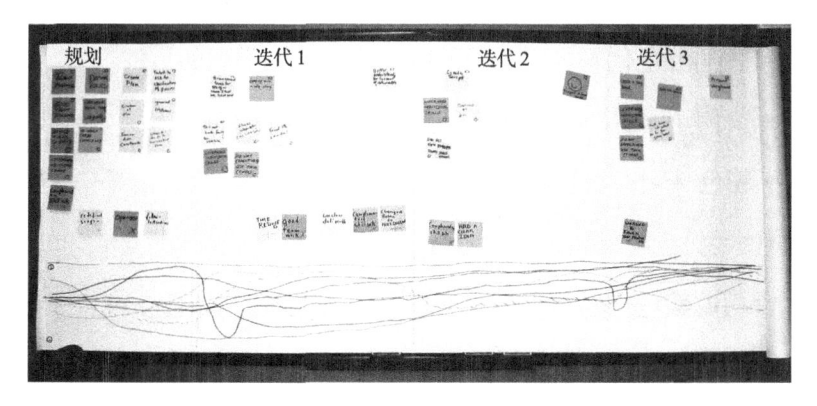

团队刚刚开始回顾会议,因此不限于一次迭代

图 5-1 包含三次迭代的回顾会议时间线

Agile Retrospectives:
Making Good Teams Great

5. 当所有卡片都贴上以后，请大家按时间顺序阅读其他组的卡片。如果有人想起了新的事件，这时可以加上去。
6. 在进一步分析以前，建议休息一下。

变化形式

在具体的实践中可能会有一些变化形式，有人可能用索引卡片，有人用即时贴、记号笔等，来收集事实和感受。

例如，用不同颜色的卡片来收集事实和感受。

感受的颜色代码。用不同的颜色代表不同的感受：

- 蓝色 = 悲伤、愤怒、糟糕
- 红色 = 挑战、停滞
- 绿色 = 满意、成功、积极
- 紫色 = 快乐、惊奇、幽默
- 浅橙色 = 疲惫、紧张

事件的颜色代码。用不同的颜色代表不同类型的事件：

- 黄色 = 与技术相关的事件
- 粉色 = 与人员或团队相关的事件
- 绿色 = 与组织相关的事件

部门的颜色代码。用不同的颜色代表不同的部门：

- 蓝色 = 开发
- 粉色 = 客户
- 绿色 = QA 与测试

- 黄色 = 技术文档

主题的颜色代码。用不同的颜色代表不同的主题：

- 黄色 = 团队沟通
- 蓝色 = 设备使用
- 粉色 = 客户关系
- 绿色 = 工程实践

根据手头上的卡片的颜色选取不同的代码体系来完成活动。

部门泳道：类似于沿时间轴划分"泳道"，为每个部门画一条"泳道"。每个小组只可以在划定的"泳道"内粘贴卡片。

内/外泳道：把每条"泳道"再分为两条。其中一条用于与团队相关的事件，另一条由参与项目但不是核心成员的人使用。

出席/缺席人员：用星形或人形剪纸代表参加项目的人员。在一名成员参加项目的时间点贴上一个星形或人形剪纸。对于已离开项目和缺席回顾会议的人员，也要进行相应的标注。

材料及准备工作

记号笔、索引卡片或即时贴。不干胶、胶带等类似的可以把卡片从一个地方贴到另一个地方的材料。

背景：可以把一面墙用纸贴起来作为背景墙，纸可以使用多张白板纸或卷纸。为期一周的迭代，2 米长、75 厘米高的背景墙应该够用。如果是一个长周期项目，可能需要 10~20 米长、1~2 米高的背景墙。

在回顾会议开始前把背景墙贴好。

示例

时间线可以显示迭代、发布或项目不同层次的数据。它可以只是简单地用索引卡片按时间顺序列出过去发生的事件；也可以包含丰富的数据内容：基于颜色代码的主题，卡片位置的高低可以有不同的含义，不同部门有不同的"泳道"，彩色可以代表事件的积极或消极影响，底部的曲线可以反映情绪的上下波动。但这很容易造成数据信息过载，使团队过分注重收集数据而没有时间和精力去展开讨论。

在整个回顾会议只有 1 小时左右的情况下，选择合适的时间线变量有助于收集刚好够用而不过量的数据，包括事实和感受。始终把回顾会议的目标作为指导，专注于最重要的事情。尽量保持简单。

5.2 三个"5"游戏

通过此活动收集数据或将其作为迭代、发布或项目回顾会议中"决定行动"阶段的一个活动。

目的

产生行动或建议的想法，发掘项目过去的重要主题。

第5章
收集数据的活动

所需时间

基于参与人数的多少，需要 30～60 分钟。

说明

把人员分成小组。每名组员有 5 分钟时间开动脑筋并写下自己的想法。5 分钟结束，组员把自己的纸传给其右侧的人。下一个 5 分钟内，其右侧的人基于纸上已经有的想法写下自己的新想法。重复这个过程，直到纸回到初始者手中。

步骤

1. 使用下面的开场白作为活动的开始："本活动的目的就是围绕［讨论的主题］提出尽可能多的想法。"然后参照上面的说明给大家介绍如何进行这项活动。

2. 把大家分成多个小组，每组不超过 5 人。把纸和笔发给大家，确保每人都有。提醒大家字迹要工整。

3. 说明活动流程：第一轮，每人用 5 分钟写下与主题相关的想法。目标是小组里最少产生 5 个想法。接下来的轮次，每人基于纸上已有的想法提出新想法。

4. 为小组计时，5 分钟到时，按响铃声，要求大家把纸向其右侧传。

5. 请每人阅读纸上的想法。

6. 用以下问题来对此活动进行小结：

73

- 在写下这些想法时,你有什么新的发现?
- 有什么令你感到惊讶的吗?哪些想法符合你的期望?为什么?
- 哪些事项被忽略了?
- 哪些事项或主题应该被进一步分析?

以上形成的想法在下一项活动中继续使用。

材料及准备工作

纸与笔。

变化形式

如果参与人数只有7人或更少,不需要分组,纸只需传5次。

示例

如果团队中的大多数成员比较沉默时,三个"5"游戏可以让他们独立思考,从而有效参与集体的讨论,以反映整个团队的理解,也可以避免几名活跃者主导整个讨论。三个"5"游戏使每个人都有机会表达自己的想法,即使最内向的人也会写出一些想法。

作为回顾会议主持人,阿斯瓦瑞利用三个"5"游戏协助一个内部应用开发小组进行数据收集。她把10人分成两组,然后向组员发放纸和笔。

"请每人用5分钟时间写出5件本次迭代过程中发生的重要事

情，这些事情可以是你在过去15天里看到的或听到的。请大家注意字迹要工整，以方便别人阅读。"

当5分钟到时，她说："请把你写好的纸传给你右边的同事。现在读一下你拿到的纸上的内容，然后用5分钟时间细化纸上的内容，或者添加新的内容，但必须是相关的内容。"

不断重复此过程，直到每个人拿回自己最初写的那张纸。这时再次阅读纸上的内容，有人摇头，有人开心。遵循三个"5"游戏的原则，阿斯瓦瑞用以下问题来引导讨论：

"你读到的印象最深的5件事情是什么？"

"哪5件事情让你反应或共鸣最强烈？"

"最重要的5件事是什么？"

讨论结束后，阿斯瓦瑞给大家分发了圆点贴，并请大家把这些圆点贴贴到她已经标注为"迭代历史"的区域。

5.3 用彩色圆点贴做标记

可将此活动与时间线活动结合使用，在时间线活动之后进行此活动，用于时间跨度比较长的迭代、发布或项目的回顾会议，来收集有关感受的数据。

Agile Retrospectives:
Making Good Teams Great

目的

展示团队成员士气随时间而发生的变化。

所需时间

5～20 分钟。

说明

团队成员用彩色圆点贴在时间线上进行标注,从而描绘自己士气的高或低。

步骤

当事件按时间线展示在背景墙上后,大家开展一个简单的讨论,然后每人用彩色圆点贴来标注某事发生时团队的士气是高还是低(见图 5-2)。

1. 使用下面的开场白作为活动的开始:"既然我们已经列出了事实,现在我们看看这项工作是如何进行的。"
2. 给每人发两种颜色的圆点贴,先给每人 7～10 个圆点贴,如有需要随时另加。告诉大家哪种颜色代表士气高昂,哪种颜色代表士气低迷。
3. 请每人用圆点贴来标注何时士气高昂,何时士气低迷。

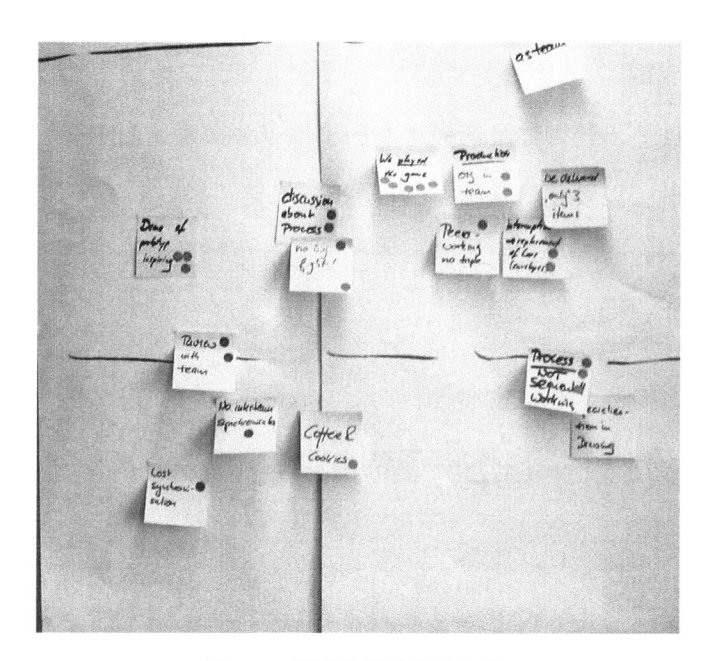

图 5-2 用彩色圆点贴做标记

材料及准备工作

两种颜色的圆点贴,直径一两厘米。

确定哪种颜色代表士气高昂,哪种颜色代表士气低迷。

变化形式

用彩色圆点贴来代表事件的积极或消极影响,而不是士气的高或低。

示例

当时间有限时,该方法可有效过滤需要进一步讨论的主题。

1. 进一步调查最具积极影响的事件,并探讨是由哪些因素促成的。

2. 进一步调查最具消极影响的事件，并探讨是由哪些因素造成的，以及团队如何解决问题。

3. 回顾团队成员对其影响看法不一的事件，使大家从不同角度了解情况。

5.4 愤怒—悲伤—高兴

通过此活动，在迭代、发布或项目回顾会议中收集有关大家感受的数据。

目的

了解大家的感受。

所需时间

基于人数的多少，需要 20～30 分钟。

说明

每人用不同颜色的卡片或即时贴来描述他们在项目不同期间的感受。

第 5 章
收集数据的活动

步骤

使用以下开场白作为活动的开始:"现在我们来看一下在迭代、发布或项目中的感受。让我们试着找出哪些事情让我们满意,哪些事情让我们沮丧?"

1. 提醒大家三个展板分别为"愤怒""悲伤""高兴",并用不同颜色的卡片代表不同的感受。给大家提供彩色卡片/即时贴与记号笔。

2. 说明如何进行,并给出时间限制。

    "请用××分钟考虑在迭代、发布或项目中,什么时候或者哪件事情让你感到愤怒、悲伤、高兴,每张卡片只写一件事。请注意字迹要工整。"

3. 时间结束时,请大家把卡片贴到对应的展板上。如果需要,允许添加新的卡片。

4. 将所有卡片分类。从第一个展板上拿起一张卡片,将上面的内容读给大家听,然后把它与下一张卡片放在一起,询问大家这两张卡片说的是不是同一件事。大家会告诉你哪些卡片描述的是同一件事。继续此过程,直到把所有卡片分类。

5. 要求大家为每类卡片命名。用另一张卡片来写出此类卡片的名称。可以用特殊颜色的卡片代表名称卡片,或者在卡片上画一外框代表名称卡片。

6. 通过以下问题来进行小结讨论:

- 当你读这些卡片时，哪些最引人注目？
- 哪些事出人意料？这件事的困难在哪里？哪些事让人感到积极和正面？
- 在这些分类中可以看出什么规律？这些规律对我们有什么意义？
- 基于以上这些情况，下一步我们应该做什么？

材料及准备工作

准备三个展板，可以在展板上贴上白板纸。每个展板分别标出"愤怒""悲伤""高兴"。如果成员超过10人，要准备大的展板（能贴两张活动挂图纸）。

准备三种颜色的卡片或即时贴，提前准备好颜色卡片的示例，让大家都明白不同颜色代表的不同感受。这项活动可以只用一种颜色的卡片完成，但彩色卡片更方便辨识。

准备各种颜色的记号笔。

变化形式

如果不愿意选择代表感受的词，可以将一个展板标注为"骄傲"，将另一个展板标注为"懊悔"。要求每名成员写出哪些事情让其骄傲，哪些事情令其懊悔。

示例

该活动用于揭示回顾会议中的感受。一般说来，与直接说出"当某事发生时，我非常生气"相比，写愤怒卡更容易一些。

如果发生冲突或有人感情受到伤害，可以改用"骄傲"和"懊悔"模式。与清晰、直接的道歉或认错相比，在卡片上写下对某事的不安感受更容易一些。这些卡片表达了一个人的歉意而没有使其受到指责，有利于团队的长远发展。

5.5 定位优势

该活动用于收集与事实和感受相关的数据，适用于周期比较长的迭代、发布或项目回顾会议。该活动结束之后，通常进行确定主题活动来激发灵感。

目的

识别团队在下一次迭代中可以发挥的优势。当迭代、发布或项目进展不顺利时，该活动可起到一定的平衡作用。

所需时间

基于访谈时所问问题的多少，需要 15～40 分钟。预留额外的 20～40 分钟用于接下来的确定主题活动。这两个活动结合起来需要 35～80 分钟。

Agile Retrospectives:
Making Good Teams Great

说明

团队成员相互访谈，询问迭代、发布或项目中最精彩的时刻。其目标是了解促成这些最精彩的时刻的源泉与环境。

步骤

使用以下开场白作为活动的开始："我们通过提问来学习，问得越多，学习得也越多。我们都想学习如何成功地实施迭代、发布或项目。现在我们就花一些时间进行访谈，了解迭代、发布或项目中的最精彩时刻 。"

1. 结对。如果可能，尽量把相互不了解彼此工作或不经常一起工作的人结成一对；如果成员人数是奇数，使其中一组是 3 人小组。把问题发给大家。

2. 解释访谈的流程。
   - 保持好奇心。
   - 全神贯注地倾听对方讲话。
   - 记录要点。
   - 记住故事并与别人分享。
   - 这是访谈，不是聊天——访谈者提问，然后聆听，不要打断讲述者而加入自己的故事。

   在第一轮访谈结束后，转换角色。

3. 由两人小组成员自己决定谁先当访谈者。注意控制时间，当

第 5 章
收集数据的活动

时间过半时,用铃声提醒或者告诉大家:"如果你们还没有开始互换角色开始第二轮访谈,请尽快开始。"

4. 在访谈结束后,立即进入确定主题活动。

材料及准备工作

提前准备好问题,复印这些问题,保证每人一份。

问题如下所示:

- 你为什么选择这份职业或你为什么加入这家公司?
- 介绍在过去迭代、发布或项目中的最精彩的时刻。
- 促成最精彩的时刻的因素是什么?
- 当时有谁在场?当时的情况是怎样的?
- 你对未来项目有什么期许?

示例

下面是一个访谈的例子:

"请告诉我你为什么加入这家公司?"

"我们知道在任何正常进行的发布(迭代、项目)中总有最精彩的时刻。回想一下这次发布(稍作停顿)你最喜欢的是哪点?"

"当时的情况是怎样的?"

"应归功于谁?"

"如果你有三个愿望,可以使下一个发布(迭代、项目)变得更好,将会是哪些愿望?"

83

这样一个简单的访谈大概需要 15 分钟/人。增加问题会延长时间。如果你确定要增加问题，遵循同样的规则，深入了解最精彩的时刻的情况。

该活动有助于人们应对消极情绪，帮助人们认识到即使很差的项目也有精彩的时刻，专注于精彩的时刻能帮助人们有意识地重拾信心。问题当然还会出现，但人们的压力和抱怨会少一些。

5.6 满意度直方图

在回顾会议中用此活动来设定基调或收集数据。

目的

突出团队成员对某重点领域的满意度，以直观的方式给大家展示某一特定领域的现状，引导大家进一步讨论与分析。承认成员之间有不同的认知。

所需时间

5~10 分钟。

说明

团队成员用直方图来评估个人与团队对目前做法与流程的满意度。

第 5 章
收集数据的活动

步骤

1. 使用下面的开场白作为活动的开始:"今天我们将创建一个对现行团队合作满意度的基准线,在以后的回顾会议中我们可以重复此活动来记录我们的改进。"

2. 把白板纸打开,介绍定义,给每人发一张卡片。告诉大家:"请在卡片上写下代表你对团队合作满意度的数字。把卡片折起来,然后放到一起。"

3. 收集所有卡片,然后请一名志愿者上台,你来读卡片,志愿者为直方图染色。确保每张卡片的数字都被记录在直方图上。

4. 解释直方图的结果,并询问大家的看法。你可以提供类似这样的解决:"看起来我们有三人对团队合作非常满意,有两人不太满意,其他人介于中间。我们将继续回顾会议,在我们为后续迭代选择不同实验时,请记住这个结果。我们将在未来的迭代回顾会议中追踪满意度变化情况。"

材料及准备工作

准备两张活动挂图纸,一张写下数字 1~5,以及相应的定义。可以用图 5-3 的定义或你们自己的定义。

85

关于团队合作满意度的定义

5. 我们是世界顶尖的团队，我们合作得非常棒。

4. 作为这个团队的一员，我很高兴，我对团队的合作很满意。

3. 我很满意，在大部分情况下我们合作得不错。

2. 有时候我们团队合作得不错，但我希望这种情形更经常一些。

1. 我对团队的合作精神感到失望。

图 5-3　满意度的定义

在另一张活动挂图上，画出 5 行小方块，并在左侧从下到上标上数字 1~5，用来记录成员的满意度（见图 5-4）。

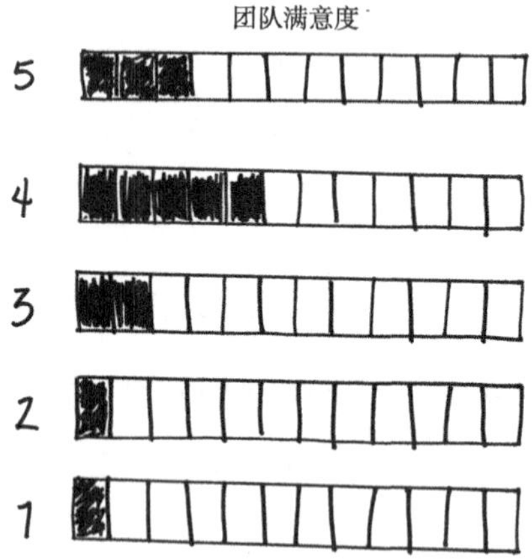

团队满意度

此直方图的数据显示，对于团队合作的满意度，不同人有不同的认知，这值得展开讨论

图 5-4　满意度直方图

变化形式

用直方图评估对团队合作的满意度只是一个例子，该活动也可

以用来评估大家对其他方面的满意度，如产品质量、与团队外部的沟通或工程实践。

应用

使用这种变化形式作为回顾会议的开场，修改定义，询问大家对迭代或对一天开始方式的满意度。

例如：

- 5 = 这是一个绝佳的开始，是我一生中最美好的一天，我非常满意。
- 4 = 今天有个好的开始，到现在为止我挺满意。
- 3 = 今天挺正常，我还算满意。
- 2 = 今天有点不顺，但还不错。
- 1 = 今天开局不利，我很沮丧。

示例

通过这项活动了解感受数据快速、简单，无须使用表达感受的词语。有时候用直方图来评估两个相关领域，如质量和流程，会产生有趣的结果。在我们过去合作的团队中，曾经有一个团队非常满意他们的流程，但对产品质量不满意。而另一个团队刚好相反，虽然对产品质量满意，但对流程颇有微词。

第一个团队的情形是，顾忌到可能伤害大家的感情，成员不愿意明确地表达对产品质量的不满。看到直方图以后，大家就如何避免冲突进行了开诚布公的讨论。在接下来的几次迭代中，大家进行了更直接、坦诚的沟通。两个月后，当重新评估满意度时，大家在两个领域中都更满意了。

第二个团队（对质量满意，但对流程不满）仔细地检查了工程实践，分析了导致缺陷和额外工作的原因。在此基础上，团队找到了新的实验来改进工程实践。

直方图为团队提供了一个机会，使他们从不同角度来评估团队的合作精神。

5.7 团队雷达图

通过此活动，在迭代、发布或项目回顾会议中收集数据。

目的

帮助团队评估他们在各个领域的表现，如工程实践、团队价值观或其他流程。

所需时间

15～20分钟。

说明

针对开发实践或流程的某一特定领域，团队成员跟踪个人和小组的表现并评分。

步骤

1. 使用下面的开场白作为活动的开始:"大家都同意这些因素（A 因素、B 因素等）对我们的工作非常重要。现在我们评估一下在这些方面我们做得如何。请大家用 0~10 来打分，0 分代表完全不符合，10 分代表完全符合。"

2. 张贴一张空白雷达图。请每个人在图上用小圆点做标记，显示他们对每个因素的评分。

3. 引导大家简单地讨论一下这些因素如何影响团队的工作。可以提出以下类似问题：
   - 在哪些地方我们确实做到了？
   - 在哪些地方我们没有做到？

   通过这个简单讨论，带领大家进入下一个活动，获得灵感。

4. 把完成的雷达图保存起来，等两三次迭代以后，再来评估一次。比较两张雷达图，以追踪变化。

材料及准备工作

活动挂图纸或白板、记号笔。

如果提前知道团队要评估的方面（因素），可以提前画好雷达图辐射线，标出要评估的方面（因素）（见图5-5）。如果评估的因素需要在回顾会议中讨论确定，可以在回顾会议的过程中画雷达图。

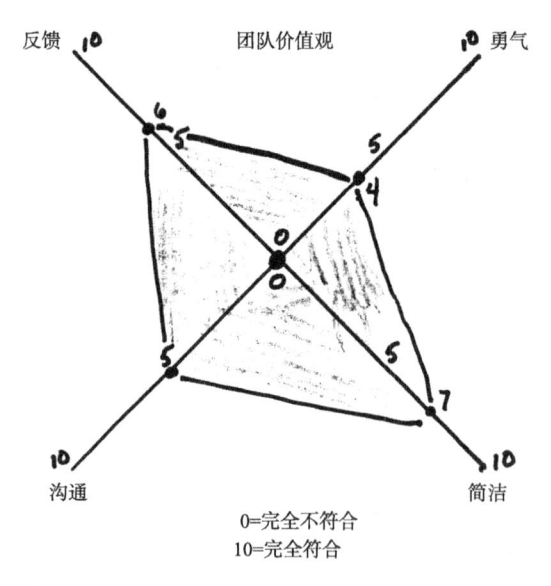

这个团队使用"小组均值雷达图"来评估大家在多大程度上遵循了团队价值观

图 5-5　雷达图

变化形式

此活动可以用来评估很多因素，如工程实践、团队价值观、工作协议、工作方法等。

小组均值雷达图　这种变化形式用以持续追踪某个因素，这个雷达图计算的是小组的平均值，而不是每个人的评分。

给每人一套彩色卡片，每个颜色代表一个评估因素。为每个因素打分，最低 0 分，最高 10 分，然后把卡片交上来。收到卡片后，按不同颜色分类。把同一颜色的卡片重新洗牌，让大家认不出谁写

第 5 章
收集数据的活动

了哪张卡片。

请一名成员帮助计算平均值，把平均值标在雷达图辐射线上，再把辐射线上的点连起来。如果愿意，为雷达图圈定的区域染色。

为每人准备一套彩色卡片，在每种颜色的卡片上写上某一特定的因素。假设你要评估团队价值观，所有绿色卡片写上"沟通"，所有蓝色卡片写上"勇气"等，每人会收到一套卡片，包括所有要评估的因素。

示例

团队雷达图是一种主观评估，目的在于引发讨论，这对于还没有在评估定义与标准上达成共识的团队尤其有用。

例如，为了解员工对团队遵循若干工程实践的评估，某团队使用了雷达图。其中一个规则是代码重构，一名成员打了 8 分，而另一名只打了 3 分。在接下来的讨论中，大家知道了两人对什么时候应该重构代码有不同的看法。打分低的成员特别不满打分高的那位成员，他认为其重构的代码太少了。在回顾会议结束时，大家对于什么时候应该重构代码达成了共识。在接下来的几次迭代中，成员在重构代码时间上更加一致，怨恨也消失了。

Agile Retrospectives:
Making Good Teams Great

5.8 挑选同义词

在迭代、发布或项目回顾会议中，此活动用来收集数据。

目的

帮助成员回忆他们在项目（迭代或发布）中的经历，并了解别人可能有的不同看法。

所需时间

30~40分钟。

说明

团队成员轮流做裁判，判断在迭代中哪件事情或哪种因素最符合质量卡上的定义。通过对卡片的评定，成员可以彼此了解对相同事件或情况的不同看法。

步骤

1. 要求每名成员至少写 9 张卡片，每张卡片写上一件事。
   - 至少写出 3 件不应再做的事。
   - 至少写出 3 件应继续做的事。
   - 至少写出 3 件要开始做的事。

2. 在所有卡片都写好后，请大家围着桌子站好，选其中一人为裁判。裁判从"质量卡"中抽出一张，内容朝上放在桌上。其他人从自己的卡片中挑出一张最接近"质量卡"的卡片，内容朝下扣在桌上。最后一张卡片无效，由出卡的人收回。

3. 裁判把所有卡片打乱次序，依次把卡片翻过来，读出卡片上内容。最后挑选最接近"质量卡"的卡片。获选的卡片获胜，胜者得到这张"质量卡"。

4. 裁判的角色由下一个人来担任，取出下一张"质量卡"继续。6~9轮（或所有人手中的卡片都出完）后，游戏结束。获得"质量卡"最多者获胜。

5. 对上述4步进行小结。

材料及准备工作

买一套或者借一套"红绿苹果"游戏卡，和你的朋友或者家人一起玩，通过它来熟悉挑选同义词的玩法。

准备一些空白的卡片（最少每人9张）。

准备大约20张"质量卡"，可以用黄色或其他颜色。在每张卡片上写上一个词，如有趣、准时、清楚、有意义、可承受、完整、教育、聪明、平稳、酷、快速、协作、棒、值得信任、危险、沮丧、恐怖、肮脏或其他词语，既可以包括一些严肃的词（如准时），也可以包括一些好玩的词（如酷）。如此一来，游戏会更好玩、更有趣和富有启发性。

变化形式

对于极限编程项目，可以把这个游戏和行业逻辑极限编程卡结合起来玩。把极限编程卡发给大家，而不是每个人自己写卡。假如某周的计划没做好，有人就会用"计划周会"来做"沮丧"的同义词，而不用"集成花费太长时间（假设集成没有花费太多时间）"。

示例

在发布回顾会议中，一个开发存储解决方案的软件团队进行了挑选同义词活动。他们发现沟通和实验室流程总是无法与理想的"质量卡"匹配，在裁判做决定，以及成员挑卡片时，都谈及了决策是如何做出的。

在为下一次发布做计划时，成员列出了三个优先事项：

- 加强与核心团队的沟通，确立正确的期望值。
- 增加与内部客户的联系。
- 让新成员尽快熟悉业务。

他们同时建议管理团队首次通过面对面会议来组建新的分布式项目团队。

第 6 章

激发灵感的活动

通过激发灵感活动,团队可以花一些时间评估数据和有益信息,帮助团队诠释、分析数据,产生灵感并揭示隐含的变化。

6.1 头脑风暴/筛选

通过此活动,在迭代、发布或项目回顾会议中产生灵感。

目的

先让大家贡献想法,然后按照事先定好的标准进行筛选。

所需时间

40~60分钟。

Agile Retrospectives:
Making Good Teams Great

说明

成员使用传统的头脑风暴法集思广益,然后检验每个想法是否适用于当前的情况。

步骤

1. 使用下面的开场白作为活动的开始:"因为需要超越常规思维模式,所以我们要花相当多的时间进行头脑风暴。一旦产生了新的想法,我们就会筛选出其中那些最适合我们的情况。"
2. 讲述头脑风暴规则(见图 6-1)。

头脑风暴规则

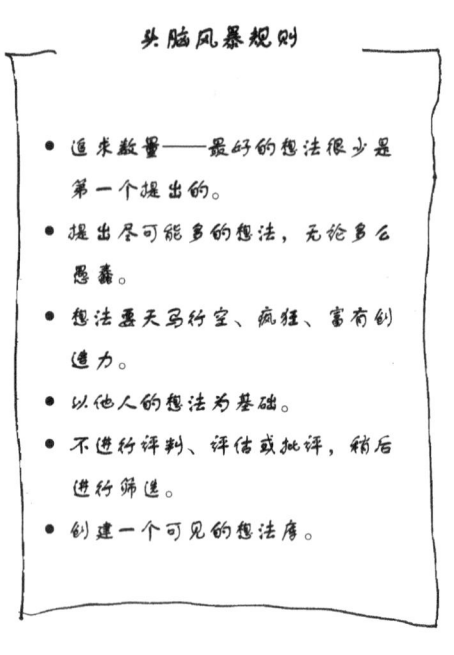

- 追求数量——最好的想法很少是第一个提出的。
- 提出尽可能多的想法,无论多么愚蠢。
- 想法要天马行空、疯狂、富有创造力。
- 以他人的想法为基础。
- 不进行评判、评估或批评,稍后进行筛选。
- 创建一个可见的想法库。

图 6-1 典型的头脑风暴规则

要求小组成员在 10~15 分钟内贡献 50 个想法。

第 6 章
激发灵感的活动

3. 用下面三种方法之一进行头脑风暴：

   - 方法 1——自由式，大家随机贡献想法。
   - 方法 2——循环式，转圈传递令牌，拿到令牌的人贡献想法，如果这个人没想好可以放弃机会，将令牌传给下一个人。
   - 方法 3——给大家 5～7 分钟安静地思考，并将想法写在纸上。

   注意时间，到点就叫停。

4. 询问大家应该用什么样的标准进行筛选，选出 4～8 个建议进行讨论，然后投票选出最好的 4 个标准，并把结果写在一张纸或白板上。

5. 使用挑选出来的标准对头脑风暴的结果进行筛选，划去那些没有通过标准的想法，用不同的颜色区分标准，分别标示出哪个想法通过了哪个标准。

6. 找出那些通过了所有标准的想法。

7. 请大家对筛选出来的想法进行评论，问问大家想实施哪些想法，是否有人强烈要求对其中任何一个想法的实施负责。如果有人愿意，那再好不过了；如果没有人愿意，那就举手表决，少数服从多数。

8. 带着这些筛选出来的想法进入下一个阶段，决定该做些什么。

材料及准备工作

写着头脑风暴规则的白板纸、记录用的空白活页纸或者白板、记号笔。

可能的筛选标准样本。

提前确定用哪种头脑风暴法最适合你的团队。

示例

头脑风暴法已出现多年，许多人都听说过。问题是传统的头脑风暴法，也就是我们上面提到的方法 1，比较适合思想开放、乐于在组织内大声发表意见的人。但它忽视了那些性格内向但聪明且有创造力的人。方法 2 适合那些不太愿意大声发表意见的人，但它遗漏了那些没经过思考就弃权了的人。方法 3 适合那些需要多一点时间整理思绪的人，如果时间足够的话，他们就会参加用方法 1 或方法 2 组织的活动。

头脑风暴法的第 4 个变体是用方法 3 收集想法并且写在卡片上，然后交给回顾会议主持人，由他来当众公布或宣读。这样，即使那些平常最不愿意讲话的人也有机会发表意见，对会议有所贡献了。

6.2 力场分析

在发布或项目回顾会议上，此活动通常在激发灵感活动之后进

第6章
激发灵感的活动

行,也可以把这个活动当作决定行动阶段的计划练习的一部分。

目的

分析研究哪些是支持变革的因素,哪些是阻碍变革的因素。

所需时间

视问题的复杂程度和组织的人数多少而定,一般 45~60 分钟。

说明

团队定义希望达到的理想状态。各小组找出支持或阻碍变革的因素,把找出来的这些因素列在纸上,然后,集体分析支持或阻碍变革的因素之间的关系。最后,集体讨论哪些因素是大家可以施加影响的——要么通过强化支持因素,要么通过削弱阻碍因素。

步骤

1. 使用"如果想成功地实施变革,我们需要了解更多支持或阻碍变革的因素"这样的开场白作为活动的开始。
2. 描述活动流程。

    分成小组,每个小组不要超过 4 人。

    "每组用___分钟来识别支持或驱动变革的因素。"

    "我们将依次请各小组报告你们的发现,并公布讨论结果,然后针对阻碍或制约变革的因素重复上述流程。"

"在列出两组因素之后，我们会评估它们影响力的相对强弱，然后讨论采取什么样的行动更有助于我们将要实施的变革。"

3. 监控时间和活动水平。

    在小组活动期间，主持人准备一张如图 6-2 所示的白板纸，但先不要写上这些因素。

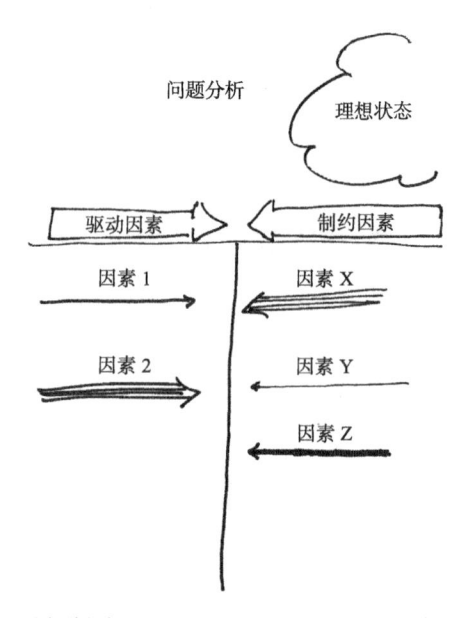

力场分析帮助团队全面分析影响变革的各种因素

图 6-2　力场分析

4. 当各小组完成了他们的第一项任务（识别支持或驱动变革的因素）时，依次收集各小组识别出的因素，不要重复之前已经有人提到过的因素。

5. 重复上述步骤，找出阻碍或制约变革的因素。

6. 把所有小组集中在一起，仔细观察每个因素，衡量其与其他因素的相对强度，画出一条指向中心的线，用箭头表示相对强度。先绘制支持因素，后绘制阻碍因素。

7. 仔细研究这些因素，以采取最有效的行动。

   - 询问各小组如何强化支持因素、削弱阻碍因素。
   - 强化支持因素和削弱阻碍因素是否更有利于解决我们的问题。

材料及准备工作

活动挂图纸或白板、记号笔。

从"五个为什么"或"鱼骨图"之类的激发灵感活动中产生一个建议改进的清单，从清单中挑出一个问题进行分析。

示例

力场分析是一个有用的工具，它可以确保团队在回顾会议中识别出支持和阻碍变革的因素。将绘制力场分析图与影响和控制的讨论结合起来。为了实施变革，团队可以直接控制什么？在现有条件下，哪些是不可控的？在目前的情形下，可以发挥影响力的地方在哪里？大多数团队比他们想象得更有影响力。然而，团队需要考虑发挥影响力的最有效的方式和时间，力场分析可以帮助他们辨别有最大影响力的点，有时还能帮助他们看清改变现状可能需要付出比他们所预料的更大的努力，这是值得的。另外，他们还可以看清联合起来的反对变革的势力，从而决定如何应对。

一个团队在回顾会议上试图改变与产品负责人的沟通方式。迭代过程中团队与产品负责人只有非常少的接触和沟通，这种情况让大家非常不满意，产品负责人的答复总是延迟好几天。

在用力场分析图来分析情况之前，他们了解到根本无法提前了解产品负责人的出差时间表和可用时间。之后，他们认为也许可以向另一位繁忙的市场部副总裁表达他们的担忧，进而产生影响，改变现状。

他们发现，追踪这位副总裁更加费时，团队根本承受不起。于是，他们只好修改计划，多与其他他们能够联系得上的产品负责人沟通。

6.3 五个为什么

在迭代、发布或项目回顾会议中使用此活动来激发灵感。

目的

发现导致问题的潜在条件。

所需时间

15～20 分钟。

第 6 章
激发灵感的活动

说明

团队成员两人一对或分成小组研究问题,用多次问"为什么"的方式超越习惯性思维模式。

步骤

使用"我们已经知道发生了什么,现在让我们来看看为什么会发生这些事情"这样的开场白来开始活动。

1. 回顾整个团队已确定的所有问题和主题。
2. 大家两人一对或分成小组(每个小组不要超过 4 人),活动流程解释如下:
   - 由一个人提问,为什么一件事或一个问题会发生。
   - 针对所得到的答复继续问"为什么"。
   - 将问了四五次"为什么"之后所得到的答案记录下来。
3. 注意时间,到点叫停。
4. 各个小组报告结果。
5. 用这些信息作为下一步活动的资料,以"决定行动"。

材料及准备工作

将其与生成主题或潜在问题列表的活动(如模式和转换)结合使用。

示例

问题 1：为什么周四的回顾会议比原计划的时间开始得晚了？

回答：当时会议室还没有腾出来。

问题 2：为什么会议室没有在会议召开之前腾出来？

回答：我们忘了把预订会议室纳入会议准备工作中。

问题 3：为什么忘了把预订会议室纳入会议准备工作中？

回答：负责预订会议室的查理生病了，没来上班。

问题 4：为什么只有查理一人负责预订会议室？

回答：因为我们不认为这件事（预订会议室）很重要。

问题 5：为什么认为预订会议室不重要呢？

回答：我们没有意识到不安排此事会浪费大家如此多时间，现在明白了。我们应该把预订会议室纳入会议准备工作中。

6.4 鱼骨图

通过此活动在较长的迭代、发布或项目回顾会议中激发灵感。

目的

观察过去的问题症状，进而发现问题的根本原因。寻找问题和故障背后的根本原因。

第 6 章
激发灵感的活动

所需时间

30~60 分钟。

说明

团队确定导致或影响问题的因素，然后寻找最可能的原因。在确定了最可能的原因后，寻找改变或影响这些因素的方法。

步骤

1. 画出鱼骨图（见图 6-3），在鱼头处写上问题或现象，在鱼刺处写上五个"W"——什么(What)，谁(Who)，何时(When)，何地(Where)，为什么(Why)。在每根鱼刺上标上相关的类别。

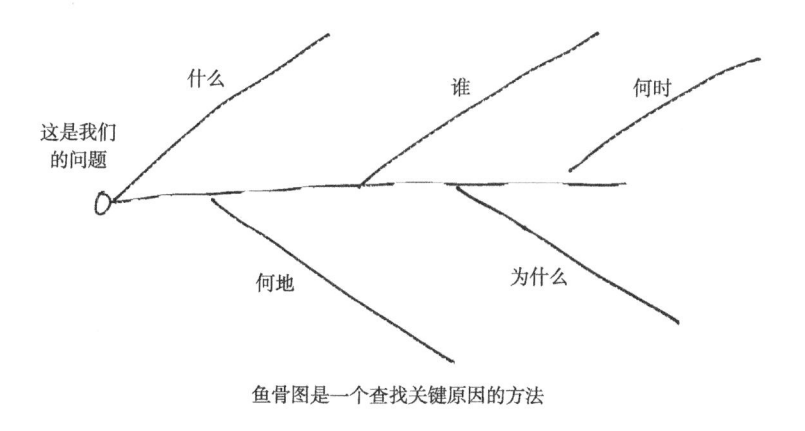

鱼骨图是一个查找关键原因的方法

图 6-3 鱼骨图

典型的类别如下所示：

- 方法、机器、材料、人员（以前正式的叫法是"人力"）。
- 地点、程序、人员、政策。
- 环境、供货商、系统、技能。

你可以将它们任意组合使用，或者自己确定类别。

2. 集体讨论各个类别中的因素，使用这样的话语来提问："这类问题（加入问题的类别）会导致什么或者会影响什么（问题名称）。"

   针对每个类别重复上述操作，沿着鱼刺写下问题，或者让大家把问题写在小纸条上，贴在鱼骨图上。

3. 继续问："为什么会发生这个问题？"需要的话，可在鱼刺上添加更多的分支，如果提出的问题已经超出了团队能够控制或影响的范围就停下来。

4. 找出那些出现在多个类别中的条目，这些是最可能的原因。把大家的注意力集中在这些领域，或许能做点什么。

   带着上述活动的结果进行下一步：决定行动。

材料及准备工作

记号笔、即时贴。

定义问题的叙述，已知的范围内包含五个 W——什么（What），谁（Who）、何时（When）、何地（Where）和为什么（Why）。在纸或白板上画出鱼骨图，列出类别样本。

第 6 章
激发灵感的活动

示例

用鱼骨图法挖掘问题的根源，但不要在这里止步，一张画满分支和标记的鱼骨图还不能作为回顾会议的成果。如果你怀疑回顾会议中找出的问题根源是由团队无法控制的因素所造成的，挖掘出所有的问题根源会耗尽团队精力，那么最好换另一种方法。

当问题根源在团队直接控制的范围之内时，大家对鱼骨图可能更感兴趣。

举个例子，在一个为期两周的迭代中出了五次编码故障，回顾会议主持人知道团队对此感到沮丧，而且这将成为回顾会议上的突出话题。他可以引入鱼骨图，将鱼刺分别标记为"技能""系统""周围环境""人力"。

将团队成员分成小组，每个小组 2~3 人，集中注意力在每根"鱼刺"上，将发现的内容写在即时贴上，然后用这些即时贴覆盖整条"鱼"。当大家读这些即时贴时，他们发现两个问题根源——缺乏经验的团队成员独自工作（在"技能"和"人力"两项中）和等待重新编码时编写新的代码（在"系统"和"周围环境"两项中）。大家一致同意并承诺指导和接纳团队新成员。他们还认为第二个问题需要更多关注，并决定把它列入行动规划的主题。

6.5 模式和转换

在迭代、发布或项目回顾会议中，此活动可以安排在可视化的数据收集活动（如时间线或者愤怒—悲伤—高兴活动）之后，以进一步激发灵感。

目的

寻找事实与感受之间的联系，分析关于迭代、发布和项目的数据，指导大家识别导致当前问题的模式。

所需时间

依据组织的规模和数据的多少来确定所需时间，一般 15～60 分钟。

说明

收集完数据，引导大家研讨，对收集的数据进行分析，寻找事件、行为或感受背后的模式。同时还要找出何时模式发生交替变化——转换。例如，所有的事情都进展顺利，然后突然团队士气下降。在白板纸上记录下来，如果你使用时间线，那就在时间线上记录。

第 6 章
激发灵感的活动

步骤

1. 使用下面的开场白作为活动的开始:"我们已创建了迭代、发布或项目的图片,让我们看看在收集的数据中可以发现什么模式和信息。"
2. 如果之前没有做过的话,请大家检查白板纸上的数据。
3. 将大家的注意力引导到某个部分上,然后问问他们在数据中注意到了些什么。在白板纸上或另一张白板纸上记录下他们所说的话,一部分一部分地往下进行。
4. 现在让大家看一下全部的内容,提问:
   - 你们在什么地方看到了各个事件之间的联系?
   - 你们在哪里看到了模式?你们会给这些模式取什么名字?
   - 哪里发生了模式的转换?你们会给这些模式的转换取什么名字?

   在另一张白板纸上再次记录下大家讨论的结果。
5. 重温这些模式和转换,问下列问题:
   - 这些模式和转换怎样导致了当前的问题?
   - 这些转换告诉我们哪些与现有问题相关的信息?
6. 在回顾会议的下一个阶段——决定行动,哪些问题很重要?

材料及准备工作

记号笔、白板纸、卡片。

在诸如时间线或"愤怒—悲伤—高兴"这些可视化数据收集活动之后开展此活动。

6.6 用圆点贴进行优先级排序

在迭代、发布或项目回顾会议的"激发灵感"或"决定行动"阶段使用此活动。

目的

引导小组在一大堆变革方案、提议等中确定实施的优先级顺序。

所需时间

根据选项的数量和组织的规模确定所需的时间,以 5~20 分钟为宜。

说明

团队成员选出优先级最高的问题、想法或建议。

步骤

使用下面的开场白作为活动的开始:"我们的清单上有一大堆事情,但不可能一次做这么多的事,只能挑出那些大家认为优先级最高的事情来做。"

1. 给每名成员 10 个彩色圆点贴,张贴图例说明圆点贴所代表

第 6 章
激发灵感的活动

的含义。

- 每个人给你认为优先级最高（第 1 优先级）的事情贴上 4 个圆点贴。
- 每个人给你认为次优先级（第 2 优先级）的事情贴上 3 个圆点贴。
- 每个人给你认为优先级排第 3 的事情贴上 2 个圆点贴。
- 每个人给你认为优先级排第 4 的事情贴上 1 个圆点贴。

　　向大家介绍完上述规则之后，对要考虑的事情逐项进行审视。

2. 给几分钟时间让大家把手中的圆点贴贴在要排序的事项旁边。
3. 数一数每个事项旁边有几个圆点贴，把数字写在旁边。
4. 在能够明显看出圆点贴数量多的优先事项时，询问大家是不是还要继续下去。

　　当 4 个或 5 个事项都得到同样多的圆点贴，但是又不太可能同时去解决这么多的问题时，可以请大家讨论，为什么大家认为这些问题都具有最高的优先级，然后用另一种颜色的圆点贴再投一次票。

变化形式

我们也可以把原来的做法改变一下，给每名团队成员相当于议题数量 1/3 ~ 1/2 的圆点贴，大家可以把自己所有的圆点贴都贴在某个事项旁边，也可以一个事项贴一个，总之，自己选择往哪里贴和贴多少个。如果不想给大家过多的选择，以免造成混乱，可以每个人少发几个圆点贴。

材料及准备工作

圆点贴，最好准备两种颜色的圆点贴以备重选之用。你也可以让大家用笔在事项旁边做记号，但是圆点贴更容易计数，也更有意思（见图6-4）。

示例

用圆点贴来投票虽然不太科学，但千万不要过分追求科学性，这不过是从众多选项中进行选择的一种方式而已。我们还发现，用不同措辞描述同一个事项会得到完全不同的结果，所以需考虑以下几点：

- 什么是我们工作的重点？
- 哪件事情产生的影响最大？
- 哪个是我们最想解决的问题？

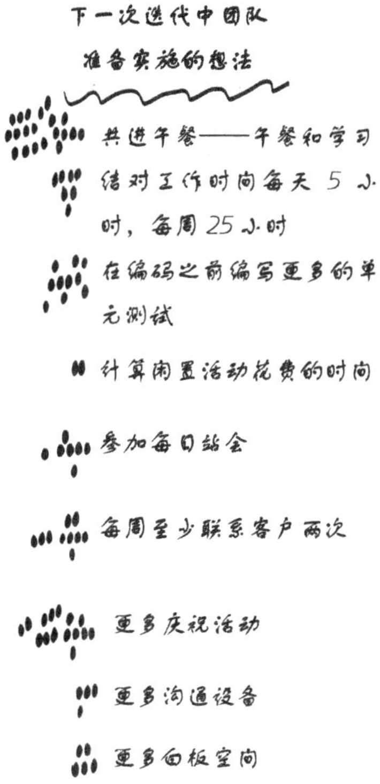

第 6 章
激发灵感的活动

> 下一次迭代中团队
> 准备实施的想法
>
> 共进午餐——午餐和学习
> 结对工作时间每天 5 小时，每周 25 小时
> 在编码之前编写更多的单元测试
> 计算闲置活动花费的时间
> 参加每日站会
> 每周至少联系客户两次
> 更多庆祝活动
> 更多沟通设备
> 更多白板空间

用圆点贴进行优先级排序可以帮助团队从一大堆事项中选出最重要的或最需要解决的

图 6-4　用圆点贴进行优先级排序

如果没有人解决"最重要"或"影响最大"的问题呢？这是争议的焦点。大家可能认为某个问题是重要的，但又不愿意花力气解决它，随它去吧。你想要大家支持你的行动和决定，最好选择那些大家都想去解决的问题。

113

6.7 综合报告

在迭代、发布或项目回顾会议中,将此活动与小组分析活动结合使用。

目的

分享各小组的意见和想法,找出共同的线索,寻找能激励整个团队的想法。

所需时间

根据小组的个数和报告允许的时间长短来确定,一般 20～60 分钟。

说明

每个小组把自己的结果拿出来与整个团队共享,会议主持人协助报告人把控时间,在最后一个小组报告完之后,大家寻找共同的线索,并确定哪些是要着手解决的问题。

步骤

1. 使用下面的开场白作为活动的开始:"现在是各个小组汇报成果的时候了。我们可以给每个小组几分钟的时间,我会帮

第 6 章
激发灵感的活动

助大家掌控进程和时间，当你看到还差一分钟就要到点时就该收尾了。在每个小组报告结束后，还会给几分钟让大家提问，我同样会掌控进程。"

2. 注意时间，用进度条显示过去的每一分钟，如果有人超时，马上宣布"时间到，请抓紧时间马上结束"。

3. 在最后一组报告完成后，请大家重温任意一张白板纸或者回忆一下刚才所听到的汇报，提出共同的主题并写在纸上。

4. 在大家确定了共同关心的主题后，提出以下问题：

- 哪些是你有精力和能力去解决的问题？
- 你有能力去解决的是什么样的问题？
- 哪些想法最可能成功？
- 你对这些想法的总体印象如何？
- 在下一次迭代中你想采用哪些想法？

5. 带着优先级最高的问题进入下一阶段的活动：决定行动。

材料及准备工作

画进度条用的白板纸（见图 6-5），一支记号彩笔，但不要用黑色的，因为名字后面做黑色标记会让大家产生不祥的联想，我们喜欢用玫瑰色或橙色的记号笔。

团队进度条

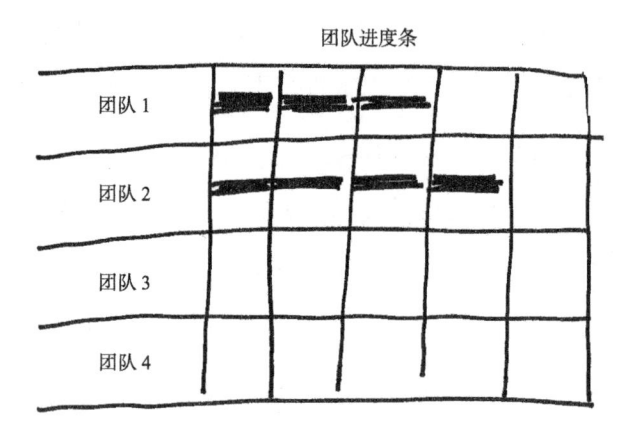

可视化的进度条有助于汇报简洁明了

图 6-5　进度条

示例

有些人会没完没了、东拉西扯地讲下去，我们发现，帮助这些人监控时间就能使他们不跑题，按时结束。事实证明，当知道时间有限时，人们会更好地组织自己的语言，以便在剩下的时间里讲完必须讲的话。

6.8 确定主题

在较长的迭代、发布或项目回顾会议中，进行完定位优势活动之后，运用此活动激发灵感。

第6章
激发灵感的活动

目的

从定位优势活动中找到线索，针对实验、变革和建议提出有说服力的想法。

所需时间

1~2小时。

说明

在定位优势活动之后，每一对参加访谈的人为一组，汇报他们从访谈对象那里所学到的东西。当他们报告最精彩的时刻时，大家会注意倾听共同关心的、令人信服的想法。当主题被识别出来之后，把所有卡片集中起来分成几堆，大家自己组合，进一步对卡片包含的想法进行定义。

步骤

1. 访谈完成后，让2~3对访谈对象坐在一起，组成一个4~6人的小组，原来的搭档要坐在一起。
2. 解释流程。

　　"每名访谈者报告他在访谈中听到了什么。不需要逐字逐句、面面俱到的报告，只要能回忆起访谈过程中听到的主题、故事和对方所说的话就行。"

　　"当所有的故事被复述一遍之后，讨论多组访谈中都提及的共同关心的主题，记录引人注目的想法，即使只报告过一次也可以。"

"将每个想法写在一张大的索引卡片上，字迹要工整，一张卡片上只写一个想法。"

3. 每个小组报告他们听到的主题并把他们写好的卡片贴在墙上或摊在地上。
4. 当所有的小组都做完这件事之后，大家一起把内容相似的卡片归类。
5. 请大家任选一堆卡片进行精选，有些卡片堆没人选也没关系。
6. 分小组继续上述步骤，进一步定义突出的主题。
7. 各小组汇报自己的工作，这些定义出来的主题将成为"决定行动"阶段进一步规划、实验和推荐的后备选项。

材料及准备工作

这项活动紧随"定位优势"活动之后进行。

若干索引卡片和记号笔、胶带。

示例

之前我们曾经举过一个例子，我们和一个人数较多的团队合作，他们正在研究如何在组织中进行变革。其中一部分人坚持认为最好的方法是把所有的问题都列出来，然后确定解决方案。我们没有直接与这些人正面冲突，而是让他们按自己的方法去做，我们通过访谈和团队中的其他人确定主题。

2 小时以后,那些坚持要列出所有问题的人精疲力尽,他们准备要放弃了。剩余的其他人却精神振奋,充满希望。这是巧合吗?你可以决定将来采用哪种方法。

6.9 学习矩阵

通过此活动,在迭代回顾会议中激发灵感。

目的

帮助团队成员在数据中找出最重要的东西。

所需时间

20~25 分钟。

说明

团队成员从数据的四个视角进行头脑风暴,迅速列出一份问题清单。

步骤

1. 讨论数据之后,展示写着"学习矩阵"的白板纸(见图 6-6)。
   告诉大家可以根据想法按顺序填写"学习矩阵"中的区块。

2. 当团队成员考虑往图上填写想法时，确保填进相应的部分。尽可能用他们的原话来写，如果你觉得句子太长，可以请团队成员改写一下："你能用几个字把你的意思再说一遍吗？这样更容易在图上填写。"

变化形式

给每名团队成员一堆即时贴，用来写他们的想法，一张即时贴写一个，团队成员把即时贴贴在图相应的区块中。主持人宣读所有的即时贴内容并将其分成几个不同的类别。

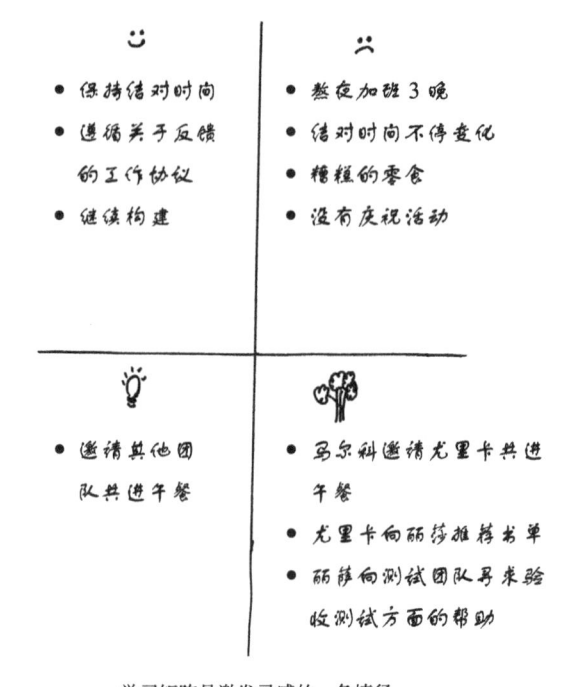

☺
- 保持结对时间
- 遵循关于反馈的工作协议
- 继续构建

☹
- 熬夜加班 3 晚
- 结对时间不停变化
- 糟糕的零食
- 没有庆祝活动

💡
- 邀请其他团队共进午餐

🌳
- 马尔科邀请尤里卡共进午餐
- 尤里卡向莉莎推荐书单
- 莉莎向测试团队寻求验收测试方面的帮助

学习矩阵是激发灵感的一条捷径

图 6-6　学习矩阵

3. 当冒出来的想法渐渐减少时，重温图上的评语，询问大家："有没有什么东西被遗漏？还有什么重要的东西我们没有写进去？"组织一个简短的讨论，需要的时候做些补充。
4. 分发 6~10 个圆点贴。"请大家用你们手中的圆点贴对你们认为优先级最高的想法投票，以便在下一次迭代中能够引起重视。"

将这个确定了优先级的列表作为此项活动的输出结果，顺利地进入"决定行动"阶段。

材料及准备工作

准备一张白板纸，在四个部分分别以下列图标表示："☺"表示什么事情做得好，我们就继续做下去；"☹"表示我们想改变什么；"💡"表示出现了新的想法；"🌳"表示我们应当感谢谁。

准备 6~10 个圆点贴（变通：用其他样式的贴纸代替，学生用品店、文具店或办公用品店都有不同类型或样式的贴纸出售）。

示例

当时间紧迫时，我们可以用"学习矩阵"来激发生灵感。这种情况可能发生在 60~90 分钟的回顾会议过程中，在收集数据的环节出现超出我们预想的长时间讨论。我们既要充分讨论，又要尽可能提高效率。在讨论每一部分问题时，划分四个象限的方法正好可以起到自然"刹车"的作用。大家在四个象限中填写内容，碰到分界线或纸的底边时便停下来，问："还有哪个想法可以最后放进来？"然后把它写在标题旁边的空白处。这样可以确保最好的想法没有被漏掉，同时又能控制好时间。

如果时间紧迫，我们同样可以用"学习矩阵"在回顾会议的总结收尾阶段收集反馈意见。

在回顾会议中，采用四个象限去了解团队的体验——哪些方面做得好，哪些方面需要改进，有什么新的想法，向哪些人表示感谢。

第 7 章

决定行动的活动

"决定行动"把团队的焦点转移到下一次迭代。通过这个阶段的活动，团队成员形成行动提案，确定最重要的行动，制订详细的实验计划，设置可衡量的目标，以实现结果。你当然也可以通过三个"5"游戏收集有关行动的想法。

7.1 回顾规划游戏

在发布或项目回顾会议的"决定行动"阶段，通过此活动制订行动计划。

目的

为实验或方案制订详细的计划。

所需时间

40~75分钟，根据实验的次数和小组的规模决定。

说明

团队成员单独或组成双人小组，针对需要完成实验、改进等进行集体研讨，厘清必须进行的所有任务。集体研讨后，去除重复的任务，添加遗漏的任务，并进行优先级排序。团队成员认领要完成的任务。

步骤

1. 使用下面的开场白作为活动的开始："我们要列出为实验成功而必须完成的所有任务。"然后简要陈述实验（改进）的内容。
2. 解释活动流程。
   - 单独或结成双人小组进行工作，找出所有任务。
   - 双人小组间进行任务对比，去除重复的任务，添加遗漏的任务。
   - 集中所有的任务，再次去除重复的任务，添加遗漏的任务。
   - 把得到的所有任务进行优先级排序。
3. 结成双人小组（如果少于 8 人也可不结对），分发即时贴或索引卡片及记号笔。

各小组在每张即时贴或卡片上写下任务，下半部分留白，见示例（见图 7-1）。

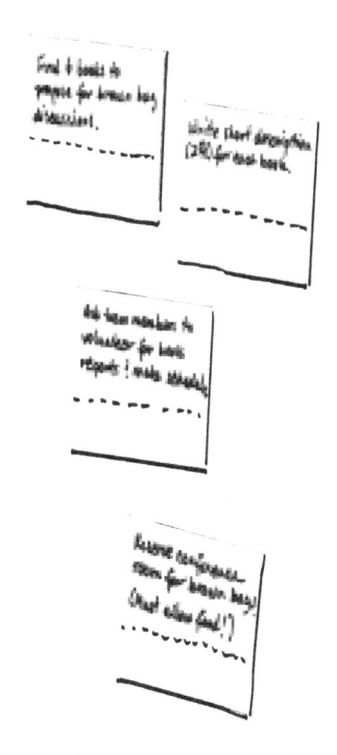

图 7-1　回顾规划游戏的任务卡片

4. 双人小组与双人小组结成对（如果上一步是单独进行的，就结成双人小组）。重申：对比任务，去除重复的任务，添加遗漏的任务。必要时可以重写、合并。

如果小组超过 16 人，在进入下一步前，还要以两个 4 人小组形成 8 人小组，进行另一轮任务对比，去除重复的任务，添加遗漏的任务。

5. 让小组在墙上或白板上张贴所有任务，并将其分类，如果是用卡片填写的，就在桌上分类。再一次对比任务，去除重复的任务，添加遗漏的任务。

    在墙或白板的左侧留下一些空间，下一步给任务排序时会用到。

6. 对任务卡片进行排序，方法如下。首先提问："哪项任务是必须首先完成的？"把需要首先完成的任务移到工作区最左侧。然后接着问："有没有与这项任务可以同时完成的任务？"把可以同时完成的任务放在第一项任务的下面。

    然后再问哪一项任务应该接下来做。把那项任务放在第一项任务的右边。

7. 请团队成员认领各项任务，在认领的任务卡片的下半部分签上自己的名字。更适合的方法是将任务带到下一次迭代规划会议上。

材料及准备工作

即时贴或索引卡片、记号笔、一面墙、白板。

如果团队此前没有进行过此类活动，准备一张示范任务卡片。

示例

回顾规划游戏可以帮助团队从之前得出的比较模糊的改进目标着手，将这些目标转化成具体的任务和行动步骤。

第 7 章
决定行动的活动

一个开发扫描仪软件的团队在产品第二次发布回顾会议中决定采用一种新设想,以审查他们的 1 400 项自动化测试。他们目前的做法太慢,拖了团队进度的后腿。他们通过头脑风暴,确定了几条可行的改进途径。会议主持人请项目团队成员推选出他们最感兴趣的改进途径。两三个感兴趣的志愿者组成小组,进一步确定行动步骤,并在每张即时贴上写一个行动步骤(见图 7-1)。

他们把即时贴贴到墙上并进行分类整理,主持人请小组成员看一看是否有重复的任务或者遗漏的任务或步骤。当整个团队认同墙上的全部行动后,开始寻找任务之间的依赖关系。使用从一团纱线上剪下的一截纱线和胶带创建相互依赖的任务之间的视觉联系。

讨论哪些行动最适合接下来的迭代计划,哪些行动可以带来最大的改变,它们可以预测哪些风险。

在回顾会议结束的时候,大家都非常清楚在下一次发布中将包括哪些任务,并将大量的改进目标转化为一些可行的行动项,而且知道要降低风险必须做什么。

7.2 SMART 目标

在迭代、发布或项目的回顾会议中,通过此活动完成"决定行动"阶段。

目的

将想法按优先级排序并转化成行动计划，形成一系列具体、可衡量的行动。

所需时间

20～60 分钟，根据小组的规模决定。

说明

让团队致力于制定具体的（Specific）、可衡量的（Measurable）、能实现的（Attainable）、相关的（Relevant）、有时间限制的（Timely）目标。SMART 目标更有可能实现。

步骤

1. 通过进行简短的关于 SMART 目标重要性的讨论引入此项活动。指出不具有 SMART 特征的目标往往会失败。
2. 指出写在白板纸或活动挂图纸上的 SMART 特征，举出一个具有 SMART 特征的目标实例："我们的目标是从下周一开始，每天至少 5 小时结对编程，每天轮流结对，要创建一张结对日程表，在下一次回顾会议上进行检查。"举出一个不具有 SMART 特征的目标实例："我们应更多应用结对编程。"注意要选择一个与团队正在进行的实验、改进无关的例子。
3. 围绕团队优先处理的项目组成小组。要求每个小组为新方案制定一个 SMART 目标，确定实现目标的 1～5 个行动步骤，并监控活动。

4. 每个小组汇报其目标和计划，其余小组要确认该目标具有 SMART 特征，并要求其进一步完善。

材料及准备工作

白板纸或白板、记号笔，白板纸上写出 SMART 目标的特征（见图 7-2）。

```
           SMART 目标

        具体的

        可衡量的

        能实现的

        相关的

        有时间限制的
```

不能满足上述条件的目标无法实现

图 7-2　SMART 目标的特征

示例

一次又一次，我们看到那些只有模糊想法的小组与那些有具体目标的小组的不同。制定具有 SMART 特征的目标的小组最终实现了他们的目标（至少大多数情况下如此）。其他小组则没有实现，有时这些小组甚至还没开始就失败了，因为他们的目标过于模糊，以至于无法启动。

7.3 圆圈提问

在迭代、发布或项目回顾会议中，通过此活动完成"决定行动"阶段。

目的

帮助团队针对下一次迭代选择实验或行动步骤，特别是团队成员需要相互听取意见的时候。

所需时间

超过 30 分钟，根据小组的规模决定。

说明

团队成员在参与问答的过程中针对下一步达成共识。

步骤

1. 要求团队成员围坐成一圈，介绍活动："有时找到答案的最好方法就是问问题，我们通过问问题，找到我们想要做的事情，作为我们在此次回顾会议中的成果。我们将采用转圈问问题和回答问题的方法，直到获得满意的答案或者时间到为止。"

2. 转向你左边的人，向他提出一个问题，可以这样开始："依你的观点，下一次迭代中什么是我们应该最优先尝试的？"左边的团队成员尽其所知所能，按其观点回答问题，然后他转变为发问者，向他左边的人就上一个问题继续提问，或提出一个新问题。新的应答者回答问题，然后再向他左边的人提问，依次沿圆圈进行，直到每名成员都对他们的问题被倾听和考虑而满意，并取得一致的行动意见为止。

材料及准备工作

将座椅围成一圈，中间不摆放桌子，在附近张贴活动挂图纸，记录结果。

示例

在领导团队进行圆圈提问活动时，只有当所有人至少发言两次后才可以停下。无论你是发言了两次、三次还是四次（或更多次），只要有人没有问问题和回答问题就一直继续，否则，会给人以某些人的观点比其他人的观点重要的印象。

在这项活动中，会涌现出强有力的见解和行动方向。鼓励每个人在问问题和回答问题前停顿数秒。聚精会神地倾听和被他人倾听的体验可以激发团队成员生成最好的想法。

信任是自组织、敏捷团队的一个重要特征，圆圈提问活动是为数不多的让团队成员平等地专注于其他团队成员的方式，通过这项活动，可以尊重他人的话语权，帮助团队建立信任。

7.4 简短主题

通过此活动，决定在迭代回顾会议中做什么。

目的

帮助团队发现有关如何做的不同观点，在较短的回顾会议中提供多样性。

所需时间

20~30分钟。

说明

团队进行集体研讨，根据2~3张活动挂图纸上的提示，列出行动想法，其标题可能包括：

- 哪些事情做得不错/哪些事情下次要用不同的方式去做。
- 保持/删除/增加。
- 停止做/开始做/继续做。
- 开始/停止/停留。

第 7 章
决定行动的活动

- 微笑/皱眉。
- 愤怒/悲伤/高兴。
- 自豪/歉意。
- +/Δ（用于迭代回顾会议）。

步骤

1. 张贴白板纸，给团队成员 3~5 分钟，反思迭代回顾会议，并记下笔记。

2. 引导团队进行头脑风暴，记录想法，继续下去，直到所有团队成员认为重要的想法都已经写在活动挂图纸上。记住：通过一两次暂停，等待下一次想法的涌现。

3. 请团队成员挑出前 20% 的条目，他们相信这些条目具有潜在的最大益处。引导一次简短的开放式讨论，然后用圆点贴投票挑选（参见"用圆点贴进行优先级排序"）。

4. 如果有 3 个以上的条目需要优先处理，则要将留下的条目数减少，限制在可控数量内。

5. 保留头脑风暴讨论的结果，在随后的迭代回顾会议中作为历史记录，帮助找出哪些是持续存在的问题。

材料及准备工作

准备一些白板纸，上面写上讨论的标题，每次迭代回顾会议更换一次标题，当它成为团队非常熟悉的形式时，就换另一种形式。

变化形式

在会议结束时，通过此活动来体现回顾会议的过程和结果。

在确定行动任务时，请团队成员填写即时贴，并将即时贴贴到相应的白板纸上，用以替代直接在活动挂图纸上书写。将即时贴上相似的内容归类，然后再为其命名。

示例

有些团队往往有些不好的倾向：一是在回顾会议中只选择一种方案或只运用一种活动；二是每次都使用同一种方法。某项活动在恰当的地方使用是很好的活动，而在卓越的回顾会议中，只使用某一种活动是不足以产生丰富的想法的。

我们听说过迭代回顾会议被称为"心跳"回顾会议，因为它是项目有节奏、有规律的活动，也是项目的生命线。心跳或脉搏是衡量个人身体健康的指标，所以，通过迭代回顾会议可以诊断一个团队的健康状况。但是，仅用一个指标衡量是很单调乏味的。

当你一次又一次进行迭代回顾会议时，尤其是迭代周期很短，只有一两周的增量工作，如果一周又一周用同一种活动或方法进行讨论，团队就会感到厌烦。

可以采用简短主题提供的多样性来变换讨论方式，加入自己团队的特色（如集成、代码重构）。

第 8 章

总结收尾的活动

总结收尾阶段为大家提供了一个继续改进的机会，反思在回顾会议的过程中都发生了什么，也为大家提供了一个表达感谢的机会。除了本章介绍的活动，前几章介绍的活动（满意度直方图、团队雷达图、学习矩阵、简短主题）及附录中有关小结的其他建议都可以用在会议的收尾环节中。

8.1 +/Δ

运用此活动对迭代、发布或项目的回顾会议进行总结收尾。

目的

反思回顾会议的过程，识别会议中好的方面及需要改进的方面。

所需时间

10~20分钟，由团队的规模决定。

说明

识别团队在本次回顾会议中做得好的方面，以便继续保持，同时也认清未来需要改进的方面。

步骤

1. 使用下面的开场白作为活动的开始："在结束之前，我们一起讨论一下，在接下来的迭代里，哪些是需要继续保持的，哪些是需要改进的。"
2. 在白板纸上画一个大"T"，并宣布时间限制（5~10分钟）。
3. 请团队成员大声说出他们的优势和需要改进的地方，要逐字逐句记录下来。一直到大家把想法都说完了，或到了设定的时间。在继续下一步之前，请稍作停顿，之后很可能会涌现出更好的想法。
4. 感谢成员坦率的反馈，对比这次列出的清单和上一次回顾会议的清单，看看是否可以找到相应的模式。

材料及准备工作

白板纸或白板、记号笔。

第 8 章
总结收尾的活动

示例

作为回顾会议的主持人，应该不断改进自己的主持方法和技巧，因此，我们向小组征求反馈意见。有以下两个想法：

- Δ 是一个希腊字母，表示改进，+/Δ 分别代表在今后的回顾会议中应继续保持的地方和需要改进的地方。应着重寻求组员的反馈和对今后的想法，而不是对将要结束的回顾会议进行评判。虽然你希望提高主持回顾会议的能力，但加入过多的关于回顾会议的是或非的评判会使大家情绪低落。一名回顾会议主持人需要投入很多精力制订会议计划和引导会议进行，往往到结束时会感到非常疲倦。+/Δ 帮助回顾会议主持人得到真实的反馈，而非无意义的抱怨。
- 有时候，团队可能会"慷慨"地给出过多的反馈和建议。正如在下一次迭代中，团队只需要专注于一两项改进实验一样，我们必须找到一种方法避免团队被太多的改进建议淹没。

一张 T 形结构的+/Δ 白板纸可以限制回顾会议的反馈数量，当白板纸写满后，就可以完成了。诚挚感谢团队成员的反馈和帮助，结束回顾会议。如果团队成员有更多要说的，可以找主持人，或者在下次回顾会议上再提出想法（见图 8-1）。

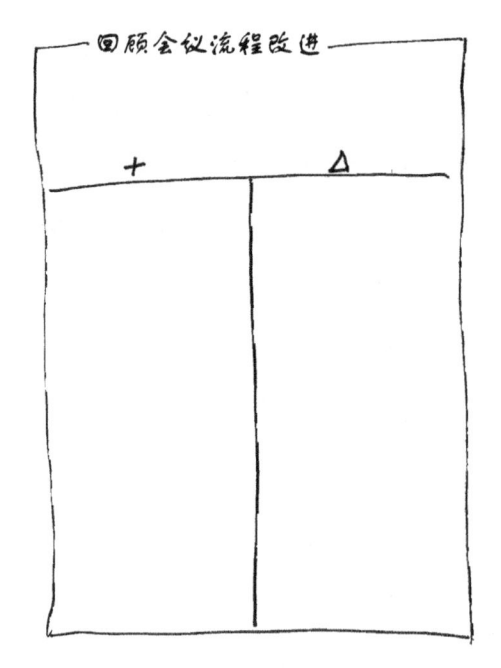

图 8-1　+ / Δ是改进回顾会议的简单方法

8.2 感谢

运用此活动结束迭代、发布或项目回顾会议。

目的

让团队成员彼此关注，相互感谢，以积极的态度结束回顾会议。

所需时间

10～20分钟，基于团队的规模。

第 8 章
总结收尾的活动

说明

团队成员之间相互感谢,感谢对自己的帮助、为团队解决问题所做的贡献等。此环节不一定必须进行。

步骤

1. 主持人这样引入活动:"在回顾会议结束的时候,我们利用这个机会关注和感谢其他人在回顾会议及迭代、发布或项目中的贡献。"

2. 和一名团队成员一起演示活动形式,即使只是演示,也要找一名你要真挚感谢的成员。说出这名成员的名字,然后说:"我感谢你对_____的贡献。"空格处填上他所做的工作。可以简要地描述他对你的影响。

    下面是个例子:"乔迪,我感谢你帮助我学习 X 特性,你真的帮我加快了学习速度。"

3. 然后坐下,等待大家表达感谢,即使表达过程进行得很缓慢也要耐心等待,有些人是需要时间进行准备的。如果一分钟左右没有人发言,就结束。

材料及准备工作

不需要什么材料,也可以在白板纸或白板上写出表达感谢的语言格式。

Agile Retrospectives:
Making Good Teams Great

示例

在一次回顾会议上讲解此项活动时，一位经理说："我们根本不用做这些，不管怎么说，他们是工程师，他们知道我们感激他们。"这位经理没有注意到工程师都在摇头表示不同意。

确实，很多人羞于进行这项活动，这真是太糟糕了。每当进行这项活动，人们真诚、由衷地表达感谢时，就会看到被感谢的人表现出来的喜悦。

我们合作的一个小组后来告诉我们，他们在回顾会议上只做了一件事，我们问："你们做了什么事？""我们在每周例会上都要表达感谢，我们彼此的关系得到了改善，我们不再争斗，我们的意见还会有不同，但我们知道，我们彼此尊重，我们相处得更融洽了。"

一点也不错，就是这样。

8.3 温度读数

在迭代回顾会议的准备阶段或收尾阶段运用此活动。

目的

检查工作进展得如何，这是了解团队现状的一种实用方法。

所需时间

10～30分钟，由团队的规模决定。

第 8 章
总结收尾的活动

说明

团队成员汇报各自的进展和打算。

步骤

1. 主持人这样引入活动:"我们来看一看团队正在发生什么?"大家可以就任何一部分分享各自的情况,自愿参与。目的只是听听其他人做了什么,所以不要对别人的工作发表评论。
2. 指着温度读数活动挂图纸(见图 8-2)依次对 5 个部分进行解释,允许大家就这 5 个部分发表评论。

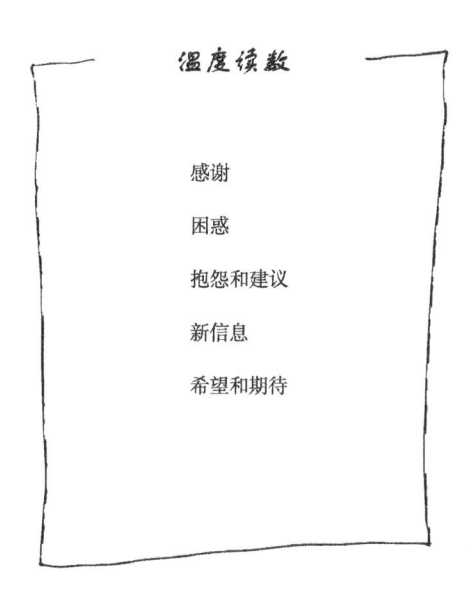

> **温度读数**
>
> 感谢
>
> 困惑
>
> 抱怨和建议
>
> 新信息
>
> 希望和期待

团队温度读数可以涵盖容易被忽视的团队工作的一些方面:感谢、困惑、希望和期待等

图 8-2 温度读数

感谢可以为大家提供一个机会，关注其他人为团队做了些什么，接下来演示对某位小组成员表达感谢的方式。方式如下："[某人名字]，感谢你对＿＿＿＿。"空白处简要加入你受到的影响。

困惑是不了解但感到好奇的事情。困惑不一定都有答案。

抱怨和建议能让大家提出希望有什么改变。

新信息就是分享与小组相关的信息。

希望和期待让人们说出对此次回顾会议或今后回顾会议的期望。

在每个部分间有所停顿，在白板纸或白板上记下困惑、抱怨和建议的内容。

材料及准备工作

在白板纸或白板上写上温度读数包含的 5 个部分（见图 8-2）。

示例

主持温度读数活动有个技巧——默默地数数。大多数人不熟悉这种方式，需要一点时间去习惯。默默地数数可以让主持人在停顿时有事可做，保证人们有时间收集想法。

在演示完如何表达感谢后，就开始默默地数数，数数时带着邀请的表情环顾房间，一直数到 75。在那之前，应该会有人开始表达感谢，如果没有，则继续下一个环节。

通常只要有一个人开始表达感谢，就会带动整个团队，当表达感谢的速度放慢时，从最后一个人发言后开始数数，数到 20，如果没有人发言，就进入困惑环节。

讲解困惑的意思后，开始数数，数到 20 为止，此后每提出一个困惑，就用数到 20 的方法来帮助停顿足够的时间。

一旦团队适应了温度读数活动，气氛活跃了，就不必数数了。

温度读数活动可用于很多场合，我们曾经在一个项目规划团队中使用这种活动组织每月的情况说明会，团队成员一整年都积极地参与情况说明会，最后建立了牢固的工作关系。

8.4 帮助、阻碍、设想

此活动用于结束迭代或发布回顾会议。

目的

帮助回顾会议主持人获得反馈，改进技能和会议流程。

所需时间

5～10 分钟。

Agile Retrospectives:
Making Good Teams Great

说明

主持人听取团队成员的反馈意见。了解什么帮助了团队成员在会议期间共同工作和学习，发现阻碍他们的因素，并对未来在回顾会议中还应该尝试什么有了想法。

步骤

1. 展示三张活动挂图纸，发给团队成员一些即时贴："请大家就此次回顾会议给我提些意见，帮助我成为更好的会议主持人。这三张活动挂图纸分别代表此次回顾会议的内容，帮助你从团队的角度进行思考，阻碍你思考和学习的因素或你的其他设想。我会在下次回顾会议时有所改进。"
2. "在即时贴上写出你的反馈意见，完成后请在每张即时贴上签上姓名，然后贴在相应的活动挂图纸上。"
3. 以感谢团队成员对你的帮助作为结束。询问当针对反馈意见有些问题需要澄清时，你是否可以联系他们。

材料及准备工作

准备三张活动挂图纸，顶端分别写上"帮助"（Helped）、"阻碍"（Hindered）、"设想"（Hypothesis），即 H-H-H。

示例

"帮助、阻碍、设想"活动强调团队学习，并鼓励成员思考怎样更好地学习及学习什么。因为只有致力于整个团队学习，才会得到更好的效果。

有一个团队在以 H-H-H 活动结束回顾会议时，大约一半团队成员希望单独进行活动，而另一半则希望结对或组成小组继续进行活动。在讨论如何继续进行时大家出现了分歧，而这对下次回顾会议意味着什么？他们意识到这些不同观点会对他们的日常工作产生影响。这次讨论提醒回顾会议主持人要注意设计活动。他把每周三或周四进行的 1 小时左右、自愿参加的情况说明会改为 15 分钟的每日站会，这样更适合双方的要求。

8.5 时间投入回报率

此活动用于迭代或发布回顾会议的总结收尾阶段（或任何其他需要改进的会议的结尾）。

目的

得到大家对于有关回顾会议流程的意见，从团队成员的视角衡量回顾会议的效果。

所需时间

10 分钟。

说明

在回顾会议的结尾,征求团队成员的意见,询问他们的时间是否得到了有效利用(见图 8-3)。

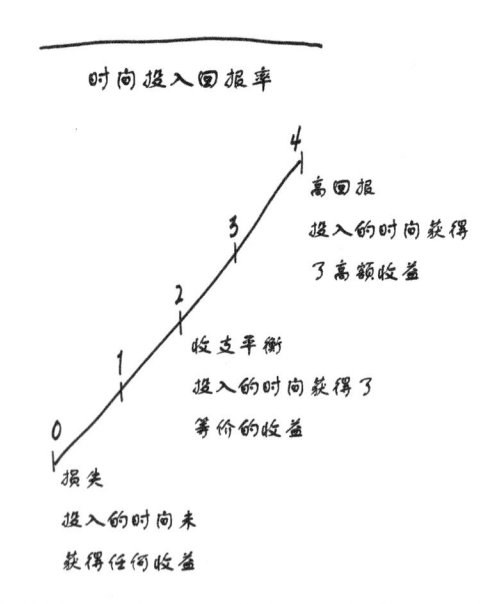

回顾会议中的时间投入回报率活动可以帮助团队在时间分配上做出明智的决策

图 8-3　时间投入回报率活动

步骤

1. 给小组三张白板纸,讨论回顾会议流程带来的各种益处,这些益处包括决策(回顾会议目标促进了团队的工作)、信息分享(团队成员得到了有用的资料或问题答案)、问题解决(团队成员能够描述与解决问题,找到了替代解决方案,确定了解决问题的行动)。

第 8 章
总结收尾的活动

2. 大家围成一圈，请每位团队成员说出反映其时间投入回报率的数字，将这些数字记录在第二张白板纸上（见图 8-4）。

时间投入回报率

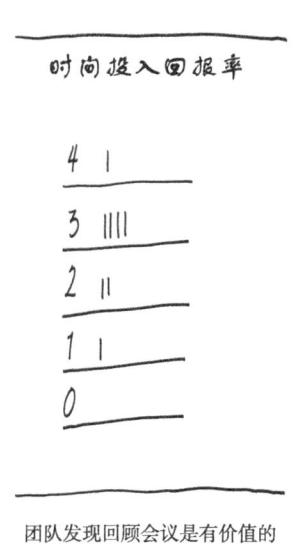

4　|
3　||||
2　||
1　|
0

团队发现回顾会议是有价值的

图 8-4　时间投入回报率活动的简单记录

3. 所有人都说出数字后，请回答 2 或更大的数字的人说出他们得到了哪些益处，然后请回答 0 或 1 的人说出他们想得到而没有得到的是什么。

4. 即使许多人回答 3 或 4，也要询问整个团队下次回顾会议需要保持和需要改进的流程是什么，将这些回答记录在空白的白板纸上。对团队成员为改进回顾会议所给予的帮助表达感谢。

147

材料及准备工作

准备三张白板纸。

示例

如果大多数团队成员认为时间投入与回报至少是平衡的,我们就应该感到高兴,因为改进空间总是会有的,追究问题的根源也是值得的。例如,一个团队认为他们的时间投入回报率很高,经过考虑,应该改进的地方是下一次的回顾会议应该找一间更好的会议室进行。

如果团队成员给出的时间投入回报率是 0,不要断定是因为主持人的工作做得不好,或许仅仅是因为团队成员被外界的环境或会议室的条件所干扰。可以通过询问一些问题来消除背后的影响因素。

第 9 章

发布和项目回顾会议

即使你的团队在每次迭代后都会进行回顾会议，但是在发布和项目结束后也仍然有必要进行回顾会议。迭代回顾会议侧重的是开发团队及内部问题；而发布和项目回顾会议的涉及面则更广，涵盖了整个组织中从事测试版检测、交付、提供产品技术支持的所有人员。

发布和项目回顾会议把必须相互协作以实现最终交付软件产品目标的人集中在一起，这些人可能有不同的观点、不同的任务和不同的业绩考核标准。当这些人跨越组织界限走到一起参加回顾会议时，大家就有了作为整个组织一起学习的机会。一方面，团队可以识别阻碍他们进步的政策、流程和实践方法；另一方面，团队可以看到他们的行为是如何影响业务的。

在这一章里，我们将研究发布和项目回顾会议与迭代回顾会议的不同之处——从为会议做准备到最终结束会议。我们还将描述对回顾会议主持人有什么不同要求。

9.1 为发布和项目回顾会议做准备

大多数迭代回顾会议只关注团队，发布和项目回顾会议关注开发团队及其他做出贡献但又不属于核心开发团队的相关人员，如经理和相关客户。

扩大邀请范围

你的敏捷团队可能已经了解并喜欢上了回顾会议，但是更大范围的项目参与者则未必如此。他们可能持怀疑态度，或者太忙了，甚至根本不知道要干什么。你有三项任务：决定邀请谁、扩大邀请范围和培训新来的与会人员。

几个定义

每当拜访一个新的组织时，我们都要调整头脑中的解码器去理解人们用常规语言表达出的多重含义。

接下来，我们就为回顾会议中所用术语下定义。

第9章
发布和项目回顾会议

> 迭代是从1周到30天的开发周期，团队致力于实现一个目标，并创建一个小而完整的工作软件。这里的"完整"是指经过测试、备案并能将代码集成到较大的现存软件产品中。
>
> 在Scrum（一种敏捷方法）中，迭代被称为冲刺（Sprints）。
>
> 当工作代码经过一次又一次迭代可供别人使用时，就可以发布了。
>
> 发布可能仅限于公司内部的一个开发小组，如专门的实验小组或测试小组。
>
> 或者，发布的产品可以供软件公司内部或外部的客户使用。
>
> 一个项目可以包含一次或多次发布，项目结束通常意味着停止提供资金和解散开发团队。

发布产品比交付工作软件增量所涉及的人员多很多，暂停一下，从更广的角度和更深的层次审视一下你是如何与组织中的其他人合作的。选出符合回顾会议目标要求的参与者，寻找那些在项目中扮演重要角色并愿意分享其观点的人。

主持人邀请了伯特和罗恩代表人力资源和设备部门参加一个发布回顾会议。会议期间，伯特和罗恩了解到他们的标准政策妨碍了项目的顺利进行。罗恩知道了为什么开发团队急着让他们把设备搬进办公室。伯特明白了在发布期间要求每位团队成员做的26页的绩效评估为什么在一个月后还没有结果。而开发团队也了解了罗恩的看法，并且同意给他们部门较长的时间来搬运设备，同时需要及早地通知后勤部门，以得到支持。

在你决定邀请谁的时候，考虑开发团队如何与组织中的其他部门打交道，寻找那些与你们有摩擦和矛盾的部门或者给予你们大力支持的部门，邀请这些部门的代表来参加会议，互相了解对方的看法。如果让与项目相关的所有人都参与进来不现实的话，那就尽量选择观点不同的各方代表。

可以考虑邀请以下人员来参加发布回顾会议：行政管理部门人员、现场客户、产品负责人、产品部署团队、测试组人员、市场营销人员、技术支持人员、客户服务人员、运营人员、Beta 版本测试人员及项目经理。

当项目结束时，除了邀请上述提到的人，还可以邀请项目发起人和其他管理干系人（如产品开发工程管理人员、项目集管理人员）参加回顾会议。

跨部门的及其他大型的回顾会议需要在包容性与有益结果之间找到平衡。帮助 50 人或 100 人思考与帮助 10 人或 20 人思考是不一样的，需要采用不同的方法。与一个庞大的团队就组织变革达成共识是可能的，但需要与组织回顾会议完全不同的流程。如果一个项目涉及 200 人而只有 20 人参加回顾会议，那么传达建议和达成改进的共识本身就是一个项目了。

与其花费精力组织大型、跨部门、收效不高的回顾会议，不如组织关注团队自身的回顾会议。

第 9 章
发布和项目回顾会议

发邀请函意味着回顾会议是一件重要的事情。不要遵循普通的会议通知格式，邀请函上应该包括特定回顾会议的目标、时间及与会人员需要提前准备的东西，别忘了附上联系方式，以便回答任何疑问（见图 9-1）。

发件人：罗比
标题：邀请函
收件人：团队成员

我们已经完成了第一次发布，现在该来看一看我们从组织开发工作中学到了什么。

我们安排了一个发布回顾会议，时间是 4 月 5 日早上 8 点半到下午 4 点，中午提供一顿工作午餐。我们将遵循特定的架构一步一步地进行，每一步都是在为下一步打基础。因此，请做好全天参加会议的准备。

我们的注意力主要集中在改进跨部门的沟通和协作方面，请大家回忆一下此前三个月的发布过程中发生的事情，并提供任何能帮助我们回忆的线索。

如果有什么疑问请致电罗比，分机号码是 1234。

致敬

罗比

图 9-1 邀请函

小贴士　全程参加会议

人们抵触开一整天的会。他们有日常工作的压力，希望在有空的时候顺便参加回顾会议。即使出于善意，这也会减缓会议的进程；最坏的情况则会导致会议完全不能进行下去，中途退出会议将给大家传递出不同的且经常令人费解的信息。

Agile Retrospectives:
Making Good Teams Great

> 解释全程参加会议的重要性，回顾会议是按照一定的架构一步步进行的，每一步都是建立在前面步骤产生的结果之上的。

强调回顾会议的目的是学习、改进和行动，确保大家知道这是一个正式的邀请。

> 💡 **小贴士　在回顾会议开始前对经理进行教练辅导**
>
> 不同的权力和地位会影响回顾会议中的互动。负责评估团队成员工作绩效的人，如职能部门的经理、项目经理、行政总监、开发经理，他们手中都握有令下属服从的权力。
>
> 在回顾会议开始之前与每位经理见面，请其注意他在讨论中的角色，要鼓励大家互相沟通，不要表现得太强势而让别人都不敢说话。

前端工作

在第 2 章中，我们描述了你可以为迭代回顾会议做的准备工作，也就是了解团队的背景和历史。对发布和项目回顾会议而言，则要了解得更深一些，如大家在项目过程中的经历，当然，这依赖于你的洞察力。然后你就可以根据更全面的信息设计更好的方案。

通过访谈或用简短的问卷调查来了解人们对项目的看法。这种

第9章
发布和项目回顾会议

事前准备的好处有4个方面：

- 它激发人们对项目的反应。访谈或问卷调查中提到的问题让大家回忆起以前的经历。
- 它提供了有用的背景信息。你将了解更多的项目背景和与项目有关的情况，以及参与者对发布和项目的看法。
- 它定下了基调。你在访谈或问卷调查中提出的问题，会告诉大家回顾会议将是怎样的。如果你提出的问题是开放式的和充满好奇的，人们预测回顾会议也将是开放式的和充满好奇的。反之，如果你提出的问题是封闭式的和带有挑错儿意味的，人们预测回顾会议也将是封闭式的和充满指责的。
- 它帮助你调整会议活动。如果知道存在的问题和争议，你就可以选择那些有助于团队高效讨论的活动。比如，当回顾会议主持人与扩展团队谈论发布回顾会议时，反复出现的主题是开发人员与管理层缺乏互信。主持人可以把有助于开发人员对管理层表达意见的活动考虑进去。

如果与会人员较少，可以单独访谈或电话访谈。如果与会人员较多，可以做一个简短的问卷调查，通过电子邮件发给大家，如果你真想得到反馈的话，别忘记在邮件里指定一个回复截止日期。

从下面所列的问题中选择5~6个，按照访谈或问卷调查的逻辑顺序排列。在发给大家之前自己先试着回答一下这些问题，你或许不知道答案，关键是要确认这些问题不是模糊不清的以至于没人能答得上来。

Agile Retrospectives:
Making Good Teams Great

- 哪些问题是你觉得在这次回顾会议上要提出来的？列出 3~5 个。
- 你想象一下这次回顾会议最可能的结果是什么？对你个人而言有什么收获？对将来的发布而言呢？对整个组织而言呢？
- 为了获得这些成果，在回顾会议中或会后需要做什么事情？
- 当你回忆整个发布过程时，你认为最精彩的时刻或你觉得最有干劲的时刻是在什么时候？你为什么选择这些经历呢？是什么使得你对这些经历记忆犹新？
- 在这次发布中你对自己评价最高的贡献是什么？
- 什么使你对回顾会议感到困惑？
- 我还应该问些什么问题？你会怎样回答？

> **小贴士　谁是问题的责任人**
>
> 有些与会人员认为，一旦他们把问题写下来或者在访谈时提到过就万事大吉了。要跟大家讲清楚，问题是属于提出问题的这些人的，而且你依靠他们在回顾会议中提出来。

如果你发现团队遇到了非常棘手的问题，要格外支持他们。你的工作是创造宽松、舒适的环境，使大家能够畅所欲言地提出并讨论棘手的问题。在为会议做准备活动的时候要特别强调这一点，而且要为处理情绪化场面做好充分的准备。

向大家说明，你将用收集来的信息设计回顾会议方案，你保证会一直保守秘密。如果你一定要在会议上分享这些信息,就要明说,注意别透露提供信息的人是谁。

9.2 包含跨组织观点

迭代回顾会议关注的是团队、方法和互动,发布和项目回顾会议则包含更广泛的组织的观点。当迭代、发布或项目回顾会议中出现组织方面的问题时,跨组织的问题就成了关注的焦点。

设定基调

大多数回顾会议的准备活动都是一样的,如同为迭代回顾会议做准备时所涵盖的基本内容。即使你的团队已经有了工作协议,你还是要跟整个组织一起制定所要遵守的工作协议。有一点要特别提醒大家,回顾会议活动的目的是学习和解决问题,而不是互相指责。

收集数据

确保收集数据活动明确地包含开发团队之外的观点。一种方法是把数据进行分类,如技术和工具、人员和团队、流程及组织系统。另一种方法是创建时间线,指定各部门在回顾会议中按时间顺序发言。

Agile Retrospectives:
Making Good Teams Great

激发灵感

因为人们分属一个组织的不同部门，所以他们对问题的看法不一样，对问题重要性的看法也不一样。了解这些差别有助于人们在整个组织中更有效地工作，注意倾听有关意外和矛盾的解读，分小组时要考虑跨组织的组合。

决定行动

在迭代回顾会议中，团队对他们控制范围之内的问题采取行动。但发布工作通常涉及不同团队、不同部门的人。发现的问题通常是跨组织的系统问题。

会议室里这些人可能没有能力解决系统问题，但他们可以发挥影响力和提出建议。人们在自己能直接改变状况的时候拥有控制权，如团队在日常工作中做出技术决定及制定工作协议就是在团队的控制范围内。团队的影响力体现在他们可以开导和说服那些有控制权的人或组织。比如，一个团队对设备没有直接控制权，但他们可以说服设备部门去满足团队对工作环境的要求。

有效的提议并不是要告诉其他人他们要干什么，而是描述问题，提出潜在的解决办法，主动参与并倡议联合行动以解决问题。如果你想说服另一个团队帮助你的团队或改变他们自己的做法，你就要帮助他们看到这对他们有什么好处，而不是对你的团队有什么好处。

为个人发展和团队建设制订行动计划依然很重要，人们需要带着切实可行的行动方案离开回顾会议现场。

在会议结束之前，选择一个行动，哪怕是很小的行动——一定是那种在座的人都能采取的行动。由此作为一个开端，后面便是一个又一个的行动了。

> ### 行动计划指南
>
> 行动的每一步都要有一个动词。没有动词就不叫行动。
>
> 每个行动都要有一个承诺将该行动进行到底的负责人。
>
> 小步前进，行动更快。目标是一个人可以在一周或更短的时间内完成的行动。
>
> 用截止日期来驱动行动的完成，没有时间限制的行动会一直停在那里，永远不会结束。
>
> 用 SMART 方法检查一下每个行动方案是否具有如下属性：具体、可衡量、可实现、相关、有时间限制。
>
> 定义完成各个行动的标准，以及如何与团队沟通。
>
> 一个行动计划需要满足上述所有条件。

💡 **小贴士　团队负责会议报告**

为大型回顾会议提供支持的人或许需要一份书面报告，这份报告应该由团队完成而不是由会议主持人完成。

作为会议收尾的一部分，要确定谁来创建报告。如果由主持人来创建报告，团队的责任感会被削弱。

总结收尾

对于迭代回顾会议，团队可以自己跟进会议做出的行动计划。而对于较大的回顾会议，则要指派跟进提议和跨组织行动计划的负责人，最常见的是由经理、团队负责人或教练负责这项任务。

在回顾会议结束之前，引导大家进行一次活动，以帮助反省自己的经历、巩固个人的认知和感谢其他人所做的贡献。

9.3 主持发布和项目回顾会议

对于一般的迭代回顾会议，由教练和团队负责人来主持就可以了，但对于发布和项目回顾会议，所有团队成员知道的都只是故事的一部分，需要他们做会议的参与者，而不是担任主持人。应该从其他团队找一个负责人或教练来主持会议，也可以从团队之外找一名引导师来做这件事。如果你主持迭代回顾会议，别的团队就有可能请你去主持他们的发布回顾会议。

如果主持一个大型回顾会议对你来说是头一回，那就找一名导师，和他一起合作来设计回顾会议方案，从导师那里获得组织大型回顾会议的建议。如果你还想多主持几次这种规模的会议，那就去

第9章
发布和项目回顾会议

参加培训。

下面是不同回顾会议所需要考虑方面的差异。

活动管理

许多适合迭代回顾会议的活动都适合发布和项目回顾会议。诀窍是分成小组，这样大家能够真正地进行交谈而不仅仅是参加全体讨论。

团队动态管理

人就是人，你会看到人们在大组织里的表现和在小组织里的表现没什么差别，但影响更明显。当出现问题的时候，事情会迅速向坏的方向发展。会议主持人必须时刻关注过程和动态，站在维护工作协议的角度，随时准备指出破坏行为。

小心开大会的时候有人开小会。这种现象可能意味着有什么隐秘的信息、派系斗争，或者有人在搞破坏。参照工作协议中有关全身心参与或打扰的条款，建议制定新的禁止开小会的工作协议，或者询问大家有什么更好的办法处理这种行为。

当然，大多数开小会的情况并非那么危险，但至少会分散大家的注意力，同时对正在讲话的人也不够尊重，还会影响会议进程。

下面是一个主持人如何处理开小会问题的例子。芙兰正在宣读小组报告，查理和罗恩在一旁窃笑，西德尼让芙兰暂停一下，然后问查理和罗恩："我注意到你们俩在下面说话，是对报告有什么疑问吗？"查理不好意思地说他在跟罗恩讲一个笑话。西德尼说他为此分散了注意力，问其他人是不是也被打扰了，其他人点头称是。于是，他重申了工作协议中有关开小会的条款。像这样干涉一下通常就能解决问题。

或者你也可以喊一声："请不要开小会。"

任何情况下都不要把管理小学生的那套做法拿出来——让大家听听那个笑话，看看他写的小纸条，或者分享一下开小会的内容。

时间管理

在一个时间较长的回顾会议中，所有的事情都会被拉长，活动小结、活动之间的衔接、会间休息、小组汇报等所有的活动都需要更长的时间。虽然会议架构保持不变，但你需要管理更多的人，处理更复杂的事情。特别是遇到矛盾、冲突或严重失误时，你需要更多的时间去处理。可以考虑请一位有经验的引导师来做主持人。

安排正式的会间休息，通常每隔 90 分钟或 2 小时休息一次。尽管你安排了会间休息，人们还是会在确实需要的时候起来上洗手间或出去透透气，但是安排了会间休息一定会减少人们不断进进出出的次数。最好是在会议进程的自然间断处宣布会间休息，而不要用闹钟设定休息时间。在会议开始时告诉大家每隔 90 分钟左右休息一次，然后让他们在需要休息的时候告诉你。

下面是一个项目回顾会议的例子。

一个团队刚刚结束第 24 次迭代（周期为一周），他们提前完成了任务，并得到了奖励！他们一直在举行常规的迭代回顾会议，现在要回溯整个项目过程并从中吸取有益的经验。由于该团队在项目过程中尝试了几种新方法，他们希望保持原来的势头，尽管有些团队成员将被抽调到别的项目中去。

该团队想邀请其他相关团队一起来参加回顾会议，以便学习如何与组织的其他部门配合工作。回顾会议主持人把自己的思路整理了一遍，同时做了笔记（见图 9-2），还制定了会议议程（见图 9-3）。

决定：会议目标

想知道来自核心团队以外的观点、看法，不断取得新的成功，并且保持住这个势头。

决定：邀请哪些人参加

团队、客户、外部测试组、运营支持部门和代码编写人员，共计 20 人参加回顾会议。

为什么

因为我们想得到来自团队外部的反馈，并且让他们也了解我们是如何工作和解决问题的。

Agile Retrospectives:
Making Good Teams Great

> 团队回顾会议大纲
> 参与人数 20 人
> 8 小时：上午 8:30—下午 5:30
>
> 8:30　设定基调——欢迎，重申目标和工作协议
> 　　　活动：聚焦/散焦
> 　　　活动：工作协议
> 9:30　收集数据——创建时间线
> 　　　活动：时间线
> 　　　活动：用彩色圆点贴做标记
> 10:15　休息一下
> 10:30　激发灵感——回顾时间线
> 　　　活动：模式和转换
> 11:00　活动：定位优势
> 　　　跨小组结对
> 12:00　午餐
> 1:00　继续激发灵感
> 　　　活动：确定主题
> 2:00　决定行动
> 　　　活动：回顾规划游戏
> 　　　（短暂休息）
> 4:00　报告和沟通
> 4:45　总结收尾——审视接下来的步骤
> 　　　活动：+/Δ，改进回顾会议
> 　　　活动：感谢

图 9-2　主持人关于全天回顾会议的笔记

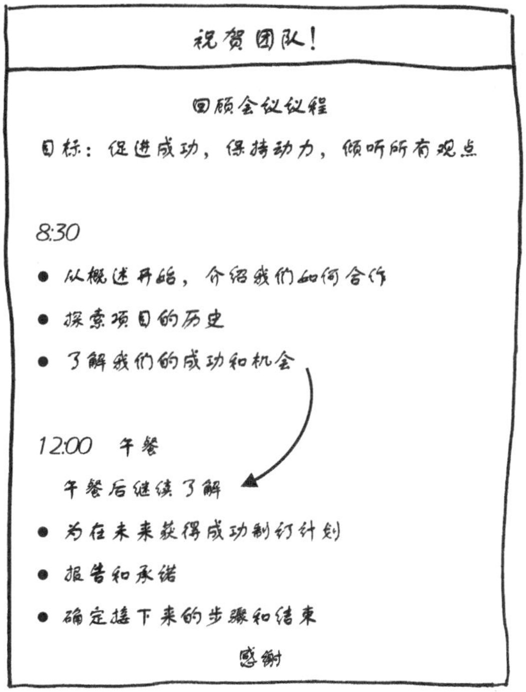

第 9 章
发布和项目回顾会议

```
祝贺团队！

回顾会议议程
目标：促进成功，保持动力，倾听所有观点

8:30
• 从概述开始，介绍我们如何合作
• 探索项目的历史
• 了解我们的成功和机会

12:00  午餐
午餐后继续了解
• 为在未来获得成功制订计划
• 报告和承诺
• 确定接下来的步骤和结束

感谢
```

图 9-3　会议议程

决定：多长时间

一整天。

为什么？我们需要足够的时间探索更多视角。

决定：在哪里举行会议

公司培训中心的大会议室，能容纳 50 人。大会议室的所有桌椅都是可移动的。我们需要足够大的空间将人分成多个小组，并能够在室内自由移动。

165

Agile Retrospectives:
Making Good Teams Great

决定：怎样布置会议室

把椅子围成一圈，让每个人在会议开始的时候都互相看得到。然后将椅子移开，围成若干个小圈，方便各小组讨论。

阶段：设定基调

活动：聚焦/散焦

为什么？帮助大家建立一种勇敢面对问题而非互相指责的心态，促进开放的讨论，再次确认以前没参加过回顾会议活动的人都了解这些。

活动：工作协议

为什么？开场白（讲解会议目标和议程）之后制定工作协议。原因是大家以前没有一起做过这样的事情，而且并不是所有部门和组织都有工作协议。

阶段：收集数据

活动：时间线

为什么？按时间顺序排列发布过程中发生的事件，展示各部门所看到的不同情境。

活动：用彩色圆点贴做标记

为什么？揭示人们在不同时点经历的不同事件。

第 9 章
发布和项目回顾会议

阶段：激发灵感

活动：模式和转换

为什么？我们想了解什么时候精力或士气在发生变化，识别显著的时间点。这将帮助我们看清哪些变革最有效，在哪里我们克服了困难。

活动：定位优势

为什么？我们希望关注促进成功的举措，并专注于不同领域是如何合作的。

活动：确定主题

为什么？访谈结束后，我们将寻找共同的线索，识别最好的见解。

阶段：决定行动

为什么？倾听每个人关于他们应该讲述什么故事的想法，汇集最重要的实践方法和互动。

阶段：总结收尾

活动：+/Δ

为什么？改进回顾会议。我们知道什么对迭代回顾会议是可行的，这将帮助我们了解如何更好地让团队外部的其他部门参与进来。

活动：感谢

为什么？感谢核心团队和团队外部所有人做出的积极贡献。

9.4 回顾会议

本书着重介绍的是每次迭代结束后的简短的回顾会议，我们没有深入地探讨发布和项目回顾会议。我们只是简单地指出了它们之间的一些区别。如果你想了解更多关于项目结束后的回顾会议，我们推荐你读一读诺姆·克斯的书《项目回顾会议：团队评审手册》。你也可以参加一个基于电子邮件的讨论组，还可以随时跟我们联系，索取相关资料和建议。

即使你一直在主持迭代回顾会议，仍然值得你花时间和精力去主持发布和项目回顾会议。人们从更广阔的视野看待不同的问题，积累不同的经验。即使团队解散了，大家还是可以带着学到的东西去服务于其他团队和项目。发布和项目回顾会议揭示了挡在开发团队面前的组织因素、政策和流程，这需要跨领域的合作来解决。没有更广阔的视野，问题会一直隐藏在那里，或者被归咎于错误的根源。

所以，在每个项目（或工作）结束后，都会召开回顾会议。你的团队和组织通过反思不断地学习和提高。帮助你的团队管理自己的行动，并通过变革为他们提供支持。在第 10 章里我们会告诉你怎样做。

第10章

有效执行

高效的团队根据结果来衡量回顾会议是否有成效。

如果我们能像电影《星际迷航》中的舰长让·吕克·皮卡德那样，对每项变革只说一句"顺其自然"，那就太好啦！然而只说"顺其自然"还远远不够，行动计划为取得成果奠定了基础。需要把实验纳入迭代工作计划中，确保了它们受到足够的重视。但有时候这还不够。

如果你曾经试图改变一些个人习惯（如咬手指），你一定会有所体会：那几乎是不可能的，除非有什么可以替代旧的习惯。添加新行为比消除旧行为更容易，对于团队或者组织来说也是如此。

琳的团队在回顾会议上决心改掉在没有计划的情况下进行编码的坏习惯。但在接下来的迭代规划会议上，两名团队成员打开笔记本电脑，分享他们在周末编写的代码，他俩相信他们的进度领先了整个团队。

琳提醒大家注意他们在上次回顾会议上达成的协议，同时分享了敏捷讨论小组在计划方面的几点建议。团队同意坚持按决议执行，试着用琳的建议制订计划。当商量该做哪些工作时，大家发现上周末所编写的代码对团队的迭代目标没有贡献，简直是浪费时间。

没有替代方案（在此案例中的计划建议），团队又恢复了原来的行为。

任何新的行为最初看起来都有些别扭。人们在实践活动中养成了安逸的习惯，无论是学习新的网球发球方法，还是学习一门新的编程语言，都是如此。在大家试着使用新技能时，应提供必要的支持并允许他们犯错误。

10.1 提供支持

产生变革的工作在回顾会议结束的时候并没有完成，哪怕是一点小小的改变也需要呵护和支持。支持的形式有多种：强化、换位思考、提供学习机会和实践机会、提醒等。某些支持可能来自团队内部，如换位思考和提醒。而其他支持则需要资源和预算。团队负责人、教练和经理有责任去申请支持所需的经费。

强化　改变是困难的，通过关注进展支持你的团队，对做得好的地方给予鼓励："我们的新单元测试帮助我们顺利地完成了编码，

第 10 章
有效执行

大家继续努力!"当你鼓励团队时,你认可了团队的表现,鼓舞了团队的士气。

提供进展顺利的信息可帮助你的团队认识到取得的进展。确保反馈信息描述了行为,指出了影响:"在昨天的班前会上,我注意到我们正在按计划工作,我们专注在 4 个问题上,我们做到了,这的确帮我看清了面前的障碍是什么。"

换位思考 认可大家的失落感和焦虑是一种支持。下面是当一名团队成员谈及变革的影响时,团队负责人弗雷德没有处理好的例子。团队决定搬到一个开放的工作空间,弗雷德在听到凯蒂诉说她失去私人空间的感受时回答说:"我考虑过这件事,你大可不必感到不愉快。"这不是从对方的角度看问题。认可别人的观点和感受(不用承诺解决这个问题),简单的一句"我了解你的感受"可能就行了。

提供学习机会 表示对探索和学习的支持,你的团队要想使所选择的行动计划取得成功,可能需要学习新的技能。组织午餐交流会可以为团队成员们提供互相学习的机会。

为团队成员了解新观点提供网上资源和相关文章的清单,在团队内部或外部寻找非正式的导师,鼓励结对编程以学习新的编程语言和技术。这些事不用花钱就可以做到。

愿意花钱支持变革。不是所有的技能都能从网上或文章中学到。投资培训,为掌握新技能打好基础。建立知识库,为你的团队提供学习资源。

提供实践机会 大家通过实践才能掌握相关知识和技术。一种

Agile Retrospectives:
Making Good Teams Great

方法是让团队脱离产品去尝试一些新的东西，另一种方法是通过一个简短的项目、一个实践或"初学者程序"来建立一个正规的实践园地。

创建一个在一两天或更短时间内就能完成的简短项目，用以探索可行的解决方案或尝试新的方法。如果你的团队在时间安排上有困难，可以从一个简短的项目开始。简短项目的时间限制可形成明确的检查点，团队可以借此评估有关实验的学习和决定。

实践园地就是团队可以尝试新东西又不影响真实产品的地方。它可以是不用于当前产品开发的特殊测试或开发区域。

鼓励团队尝试"你好，世界"程序。这个程序很简单，其实就是编写一个打印或显示"你好，世界"这句话的程序。不过，他们能够测试开发环境和系统配置，快速发现问题或确认基本概念的正确性。

提醒 大的图表和签到板可提醒团队关注变化。例如，泰瑞的团队确定他们需要经常进行重构。他们做了一个大的图表，每名团队成员在完成重构工作时在上面贴一个绿点。每天工作结束时，大家可以审视和讨论一下这张图表，情况一目了然。

签到板可以让团队用简单的回答报告他们对特定变革所进行的操作："用一两个词评估一下我们做得怎样。"用对这个问题的回答作为衡量新实践进展情况的标准。

10.2 为变革分担责任

当一个人一直为行动项目承担责任时会出现三个问题：

- 你的团队可能把某名团队成员当成英勇的"救世主"。他可能出于情感原因而依赖这个英雄角色，但损害了团队。无论是团队依赖"救世主"还是寻求"救世主"这样的角色，这种情况的出现都会扼杀协作与责任共担。
- 当一个正式或非正式的领导者一直承担责任时，这个人就会把团队变成无助的受害者。加强协作可以使团队强大，剥夺责任只会削弱团队的能力。
- 当一个团队总是把解决问题的责任放在团队中的一部分人身上时，就会造成一种错觉，认为这部分人就是问题的根源。替罪羊的做法会破坏团队团结，因此，一定要分担责任，轮流负责。

10.3 支持较大范围的变革

迭代回顾会议通常会产生小范围的变革，团队可以在下一次迭代或几次迭代中逐步完成。而较大规模的回顾会议则会产生较大范围的变革，需要花较长的时间去完成。这种变革需要更多的支持，需要更多地关注大家对变革的反应。

即使已经选择和规划了变革，当人们弃旧迎新时仍需经历可以预见的过渡阶段（《萨提亚模式：家庭治疗及超越》《过渡期管理：最大限度的变革》）。当一项变革被视为小范围的变革时，人们无须外部支持就可以适应。而对于较大规模的变革，过渡期较长，对不同人的影响程度也不一样。了解变革的 4 个阶段有助于你为团队提供支持。

变革的 4 个阶段

失去阶段　新事物开始时总是伴随着旧事物的失去，人们会体验到失去（工作能力、熟悉的领域、关系网、确定性）的感觉。对新事物的兴奋可能会缩短也可能会延长过渡阶段的调整过程。不管怎样，人们在摒弃旧事物之后才能前进。

混乱阶段　摒弃了旧事物并不等于完全了解新事物。人们感到困惑，在变革中努力为自己重新定位。他们探索事物是如何变化的，以及新的方式意味着什么。伴随着困惑，混乱可能产生革新和创新的火花，可能在还没制定规则之前有了新的方法。

观念转变阶段　最后，人们看到或体验到新的方式如何有效，实验和探索带给他们全新的理解。外界的影响可能带来新的愿景，团队成员开始尝试新的行为方式和见解。

实践和整合阶段　光有见解还不够，大家还需要通过实践学习新技能、适应新架构。刚开始时工作绩效可能会下降，但会随着不

第 10 章
有效执行

断的实践得以改善。

在人们经历变革的 4 个阶段的过程中,你可以从以下 3 个方面帮助他们。

人们认可的价值观是什么 确认在旧的工作方式下是如何评价团队成员的,在摒弃了旧的工作方式后寻找能够保持原来评价标准的新方式。承认旧的工作方式下的价值观,你会发现大家并不傻也没有错。有时某人过去认为的好主意,后来仍然被认为是好主意。人们相信变革并不意味着他们愚蠢。

举个例子:在发布回顾会议上,拉克什米和她的团队发觉他们需要将团队规模扩大 50%以满足产品需求。他们为自己产品如此成功感到兴奋,但同时也感到将会失去有凝聚力的小团队。当他们接纳新人时,团队负责人忙着澄清团队的价值观和需要保留的实践。在成长为一个较大的团队时,原有的小团队优先考虑了最重要的事情。

临时性架构 临时性架构帮助人们在新旧体制变革的混乱阶段正常工作。临时性架构可以是计划、角色、会议、方法及任何连接当前状态与目标状态的机制。

下面是一个团队如何创建临时性架构的例子:弗朗兹和他的团队从事高科技医疗设备软件开发工作,在完成漫长而痛苦的项目之后,团队召开了回顾会议,在会上团队决定转向使用极限编程方式,以迭代增量开发来管理风险。他们雇用了一位教练并参加了浸入式培训。另外，业务部门怀疑让他们抛弃需求文档转而依赖在索引卡片上写用户故事的做法，他们有他们的道理，因为他们受到严格监管。

既不放弃在极限编程上的尝试，也没回绝业务部门不想尝试用户故事的要求，团队创建了一个临时性架构。他们乐意接受业务部门的需求文档，然后将这些业务需求转换成用户故事。在每次迭代结束时，他们给业务部门看他们编写的用户故事，并且讲解用户故事是如何与业务需求相关联的。经过几次迭代之后，业务人员开始看到把业务需求写成用户故事的好处，同时摸索出了一套追踪用户故事以达到监管要求的方法。

将业务需求转换成用户故事的临时性架构，使得团队能够朝着希望的目标前进。

信息和谣言控制　当事情发生变化时，人们急于获得将对他们产生影响的信息。当信息不足时，他们就会用最可怕的猜测填补空缺，于是谣言开始散播，即使在小团队中也是如此。

建立一套变革过程中的谣言控制机制，提供新的信息，消除恐惧心理，揭穿谣言和提供事实。

团队可以创建一个谣言控制公告牌，无论团队成员听到什么谣言，都把它写在一张卡片上并贴到公告牌上。每个人都可以看到最新的谣言并负责追踪事实真相。一旦真相大白，并公之于众，也就控制了谣言的源头。

第 10 章
有效执行

另外，谣言控制公告牌揭示了如此多的谣言，大家也就不会对最新的流言蜚语过度反应了，同时在了解了事实真相后也就不会散播谣言了。

回顾会议可以成为变革的强大催化剂。重要的变革可能始于一个回顾会议。渐进式的改进也很重要。

附录 A

引导工具清单

得心应手的工具使主持回顾会议变得更容易、更有趣。以下是一些对所需使用的工具的小建议。

如果你每年都要做多次的回顾会议的主持引导工作,如果你的团队在每次迭代结束后都要召开回顾会议,那么你就应该预备一套可随身携带的引导工具,这样,每次会议之前就不用总想着是否忘记带什么东西。

对于迭代回顾会议,预备即时贴、记号笔、胶带和圆点贴,把这些东西放进一只盒子或手提袋里。

下面是一些会议用时比较长的场合需要准备的工具清单:

- 胶带——这是一种可以贴在墙上一两周但又不会把墙上的油漆粘下来的胶带。
- 数种深颜色的记号笔。

附录 A
引导工具清单

- 大、中、小号即时贴。
- 索引卡片。
- 胶棒。
- 涂改带。
- 剪刀。
- 小折刀。
- 钟、铃铛或锣。
- 彩色圆点贴。
- 定时器。
- 计算器。

把这些东西放在一个塑料箱、旅行箱或硬纸箱里，不管用哪种方法，要便于存放、寻找和带到会议室去。

用卡片、即时贴、记号笔和圆点贴帮助大家看清个人观点、小组观点和进行优先级排序。用剪刀或小折刀裁剪纸张、开纸箱。用胶带往墙上粘东西。胶棒和涂改带方便你修改白板纸上的错误。用定时器掌控会议时间。如果你和人数较多的团队一起开会，敲钟比你用嗓子喊更容易引起大家的注意。准备一个计算器，需要的时候可以给与会人员使用。

你还会发现其他有用的东西，但这些是起码的必备用品。

供应商　当地的办公用品店都会卖这些东西。

有关记号笔的小贴士　带着自己的记号笔，不要指望会议室里的记号笔，通常那些是用来在白板上书写的或者已经干了不能使用。

白板笔和永久性记号笔是有毒的，会使人感到头痛，这些笔中的化学物质会使一些人过敏甚至生病。

携带深颜色的记号笔，如黑色、深蓝色、紫色和棕色，颜色浅些的用来增强效果，但是黄色在几英尺以外就看不见了。红色属于深颜色，不过从远处也很难分辨。

找一些楔形笔尖的笔，尖头笔尖画出的线条太细，离远点儿就看不见了。

图像视频记录　用数码相机把重要的白板纸拍下来，如果大家愿意的话，还可以把大家工作时的情景拍下来，回顾会议活动的视觉记录比纸面上的报告更生动。

尽管这些工具和小贴士很重要，但你自己才是最重要的工具。没有比你提供流程、管理思想交流和带领大家发挥他们聪明才智的能力更重要的东西了。

附录 B

活动小结

在第 3 章中介绍的四步小结法几乎适用所有情形。但就如同会议中的活动会因多次使用而让大家失去新鲜感一样，小结法也会存在这样的问题。当团队成员们知道了一系列问题后，很可能会发牢骚，所以这里再提供四种小结法。

单问小结法 只问这样一个问题就可以："关于这次活动，你首先想说的是什么？"

记录小结法 如果团队中有人做记录（如果想成为更好的领导者和团队成员，这是个好办法），先提出 2 个或 3 个问题，然后给 7~10 分钟，让大家在记事本上回答这些问题。时间一到，询问是否有人愿意与大家分享他的见解。就不同的话题，或许有人愿意把写下的内容透露给其他人。

针对个人想法，记录小结法中可以提出的问题有：

Agile Retrospectives:
Making Good Teams Great

- 在目前情况下，团队之外的人对你所做的工作如何评价？
- 就你个人而言，你可以做一件什么事来改善目前的情况？
- 在下次迭代中，你会做哪些不同的事情？
- 在下次迭代中，你可以承诺一个什么样的改变？

问题对小结法　选择一对有关活动的问题，激发团队成员进行讨论。可以提的问题对如下：

- 在这次活动中发生了哪些有趣的事情？你对你自己或你的伙伴们有什么新的认识？
- 像以往一样，团队中（或迭代期间）发生的事情给你带来了哪些经验？团队显示的优势有哪些？
- 这次活动过后，你的想法有怎样的改变？如果可以重来，并且只可以做一种改变，会是什么？

假设小结法　鼓励团队成员以新的方法思考，提出假设性的问题。

- 如果时间线的顺序由从过去到现在改为从现在到过去会怎样？
- 如果集思广益的时间延长至两倍会怎样？
- 如果组成更小的小组会怎样？
- 如果现在重新做一次这个活动会怎样？

附录 C

会议活动参考一览表

不知道什么时候做什么活动吗？如图 C-1，其中按照回顾会议的不同阶段和类型列出了所有本书描述过的适用的活动。

活动

阶　　段	活　　动	迭代	版本	项目收尾
设定基调	ESVP	✔	✔	✔
	签到	✔		
	聚焦/散焦			
	工作协议	✔	✔	✔
收集数据	三个"5"游戏	✔	✔	✔
	时间线		✔	✔
	用彩色圆点贴做标记	✔	✔	✔
	定位优势	✔	✔	✔

图 C-1 按回顾会议的阶段和类型列出的活动

激发灵感	确定主题	✓	✓	✓
	愤怒—悲伤—高兴	✓	✓	✓
	模式和转换	✓	✓	✓
	鱼骨图	✓	✓	✓
	五个为什么	✓		
	综合报告	✓	✓	✓
	头脑风暴/筛选	✓	✓	✓
	力场分析		✓	✓
	用圆点贴进行优先级排序	✓	✓	✓
决定行动	回顾规划游戏		✓	✓
	感谢		✓	✓
	三个"5"游戏	✓	✓	✓
	SMART 目标	✓	✓	✓
总结收尾	+/△	✓		
	感谢	✓	✓	✓
	温度读数	✓	✓	✓

图 C-1 按回顾会议的阶段和类型列出的活动（续）

附录 D

学习引导技能的参考资料

下面三本非常好的书籍对于辅助培训、练习和观察很有帮助：

- *The Facilitator's Guide to Participatory Decision-Making* by Kaner, Lind, Toldi, Fisk, and Berger（New Society Publishers, 1996）

- *The Skilled Facilitator*（revised edition）by Roger Schwartz（Jossey-Bass, 2002）

- *The Art of Focused Conversation: 100 Ways to Access Group Wisdom in the Workplace* edited by R. Brian Stanfield（New Society Publishers, 2000）